Fuz
Manchmal braucht
man Gummibärchen

Manchmal braucht man Gummibärchen

Die besten Tipps aus meinem turbulenten, wunderschönen Leben mit 3 kleinen Kindern

Miriam Fuz

TRIAS

**Bibliografische Information
der Deutschen Nationalbibliothek**

Die Deutsche Nationalbibliothek verzeichnet diese Publikation in der Deutschen Nationalbibliografie; detaillierte bibliografische Daten sind im Internet über http://dnb.d-nb.de abrufbar.

1. Auflage 2018
© 2018 TRIAS Verlag in Georg Thieme Verlag KG

Rüdigerstr. 14
70469 Stuttgart
Deutschland

www.trias-verlag.de

Printed in Germany

Programmplanung: Katja Widmann
Projektmanagement: Anja Bippus
Redaktion: Diana Schmid, www.schmid-text.de
Bildredaktion: Christoph Frick
Umschlaggestaltung: CYCLUS Visuelle Kommunikation, Stuttgart
Umschlagfoto: Getty Images
Grafiken im Innenteil: Nina Tiefenbach, Berlin
Satz und Repro: Ziegler und Müller, Kirchentellinsfurt
gesetzt in APP/3B2 V. 9
Druck: Westermann Druck GmbH, Zwickau

ISBN 978-3-432-10761-5   1 2 3 4 5 6

Auch erhältlich als E-Book:
eISBN (epub) 978-3-432-10762-2

Wichtiger Hinweis: Wie jede Wissenschaft ist die Medizin ständigen Entwicklungen unterworfen. Forschung und klinische Erfahrung erweitern unsere Erkenntnisse. Ganz besonders gilt das für die Behandlung und die medikamentöse Therapie. Bei allen in diesem Werk erwähnten Dosierungen oder Applikationen, bei Rezepten und Übungsanleitungen, bei Empfehlungen und Tipps dürfen Sie darauf vertrauen: Autoren, Herausgeber und Verlag haben große Sorgfalt darauf verwandt, dass diese Angaben dem Wissensstand bei Fertigstellung des Werkes entsprechen. Rezepte werden gekocht und ausprobiert. Übungen und Übungsreihen haben sich in der Praxis erfolgreich bewährt.

Eine Garantie kann jedoch nicht übernommen werden. Eine Haftung des Autors, des Verlags oder seiner Beauftragten für Personen-, Sach- oder Vermögensschäden ist ausgeschlossen.

Geschützte Warennamen (Warenzeichen ®) werden nicht immer besonders kenntlich gemacht. Aus dem Fehlen eines solchen Hinweises kann also nicht geschlossen werden, dass es sich um einen freien Warennamen handelt.

Liebe Leserin, lieber Leser,
hat Ihnen dieses Buch weitergeholfen? Für Anregungen, Kritik, aber auch für Lob sind wir offen. So können wir in Zukunft noch besser auf Ihre Wünsche eingehen. Schreiben Sie uns, denn Ihre Meinung zählt!

Ihr TRIAS Verlag

E-Mail Leserservice: kundenservice@trias-verlag.de

Adresse:
Lektorat TRIAS Verlag, Postfach 30 05 04,
70445 Stuttgart
Fax: 07 11-89 31-748

Besuchen Sie uns auf facebook!
www.facebook.com/mama.mag.trias

Lassen Sie sich inspirieren!
www.printerest.com/triasverlag

Die Autorin

 **Miriam Fuz** wurde 1981 in Karlsruhe geboren und lebt in einem kleinen Dorf in Baden-Württemberg. Sie ist ausgebildete Redakteurin, verheiratet und hat drei kleine Jungs, die zumindest meistens ganz entzückend sind. Von ihren Freundinnen wurde sie immer wieder gefragt: Wie machst du das eigentlich, mit drei Kleinkindern? So kam ihr die Idee, einen Ratgeber zu schreiben, der das wirkliche Mama-Leben abbildet. Sie will anderen Müttern damit Mut machen, nicht immer alles perfekt im Griff haben zu wollen. Jede Mama sollte sich selbst treu bleiben und an sich und ihr Bauchgefühl glauben; dann wird sie auch im Alltagsstress langfristig glücklich sein. Das Buch entstand, während die Großen im Kindergarten waren und der Kleinste das Wohnzimmer verwüstete. Mehr von Miriam Fuz gibt es auf ihrem Blog muttiversum.com

Inhalt

Wie machst du das eigentlich?

»Wie machst du das eigentlich …?«, ist wohl eine der häufigsten Fragen unter uns Müttern. Während unsere Kinder noch klein sind, fragen wir in Babykursen oder auf dem Spielplatz unzählige Male andere Mamas um Rat, um zu erfahren, wie sie eigentlich etwas machen. Bevorzugt tauschen wir uns natürlich mit Freundinnen aus, wenn diese passenderweise Kinder im gleichen Alter und somit ähnliche Probleme und Themen haben. Doch sie sind leider nicht immer erreichbar, wenn gerade eine Frage aufkommt – oder sie haben ihre eigenen Problemchen. Dieses Buch knüpft genau dort an und möchte euch mit praktischen Tipps versorgen, wenn ihr sie gerade braucht. Es ist wie ein Gespräch mit einer guten Freundin und hält nur Ratschläge bereit, die ich auch meiner besten Freundin geben würde. Es kann dann zur Hand genommen werden, wenn gerade keiner erreichbar ist, ihr eigentlich gar keine Lust auf ein Telefongespräch habt oder nur einen schnellen Rat möchtet. So spart ihr euch die Recherche im Internet und braucht keine ellenlangen Forenbeiträge zu lesen, um den gewünschten Input zu bekommen. Und nicht zuletzt: Es geht nichts über Tipps, die sich im Alltag bewährt haben!

In diesem Buch findet ihr eine bunte Mischung von Themen, die Mütter interessieren. Ich freue mich auf euer Feedback und bin gespannt, in welchem Bereich ihr darüber hinaus wissen möchtet, wie ich das eigentlich mache.

Jedes Kind ist anders, jede Familienkonstellation ist anders, jede Familie hat andere Schwerpunkte. Wir werden wahrscheinlich nicht bei jedem Thema die gleiche Meinung haben. Aber das muss auch gar nicht sein – schließlich stimmt ihr anderen Müttern und Freundinnen auch nicht immer zu, oder? Ich hoffe dennoch, dass dieses Buch den ein oder anderen guten Tipp parat hat.

Hört auf euer Bauchgefühl und ignoriert, was für euch nicht von Interesse ist. Nehmt meine Gedanken als Impuls, eure Einstellung zu überdenken und herauszufinden, was euch wirklich wichtig ist. Wir sind alle Mamas und wollen nur das Beste für unsere Kinder. Mit unserem Bauchgefühl können kein Buch dieser Welt und kein Rat einer Freundin mithalten. Wir müssen wieder auf unsere Intuition vertrauen, müssen wieder lernen, in uns hineinzuhören und hineinzufühlen! Dabei gibt es kein Richtig oder Falsch. Wenn ihr Denkanstöße braucht, schlagt einfach das passende Kapitel auf. Bedient euch großzügig an allen Ideen und seht darüber hinweg, wenn wir nicht übereinstimmen. Wie das eben so ist im Gespräch unter Freundinnen.

...manchmal braucht man Brokkoli-Bäume

Kapitel 1
Willkommen zuhause!

Essen und Kinder – ein Thema für sich

Schon vor der Geburt unserer Kinder ahnen wir, dass sich unser Leben mit ihnen elementar ändern wird. Wenn der Nachwuchs erstmal da ist, können wir abends nicht mehr spontan ausgehen und auch die Freizeitgestaltung wird sich um die Bedürfnisse der Kinder drehen. Dass es aber auch daheim in den eigenen vier Wänden ganz anders wird, ist uns anfangs gar nicht in diesem Ausmaß bewusst. Aber wir merken schnell, dass sich auch bei den Themen Essen und Kochen plötzlich alles um die Kinder dreht. Das kann in Stress ausarten oder mit ein paar kleinen Tipps trotzdem ein recht entspanntes Feld bleiben.

Tipps für den täglichen Kampf in der Küche

Ich koche und backe mit Leidenschaft. Wie meine Freunde und ich finden, auch ganz gut. Nur meine Kinder sind da geteilter Meinung. Je aufwändiger ich koche, umso höher ist die Wahrscheinlichkeit, dass sie nur mit größter Mühe zwei, drei Bissen hinunterwürgen. Würgen, ja! Es ist unglaublich, wie schonungslos Kinder Feedback geben. Deshalb ist es gar nicht so einfach, Gerichte zu finden, die allen halbwegs schmecken. Dass ich selbst kein Fleisch esse (und auch nicht zubereite) und mein Mittlerer eine Allergie gegen Milchprodukte und Eier hat, macht es nicht einfacher. Aber irgendwie klappt es immer, dass keiner hungrig vom Tisch aufsteht. Hier sind einige Strategien für all jene, die auch mit mäkeligen Kindern kämpfen:

Gerichte im Voraus planen

Ich plane fast jede Woche drei bis vier Mahlzeiten vor und versuche, die Kinder schon in die Planung miteinzubeziehen. Jeder kann seine Wünsche äußern und den ein oder anderen Wunsch erfülle ich dann auch. Dass man bei den ganz kleinen Kindern nicht immer etwas Produktives zu hören bekommt, ist klar. Sie schlagen auch regelmäßig etwas unsinnigere Sachen wie »Schokolade« vor. Aber ich weiß am Ende meistens immerhin, ob es Nudeln oder Pfannkuchen sein sollen oder eher ein Eintopf. Die Beilagen wechsle ich generell gerne durch: montags etwas mit Reis, dienstags etwas mit Kartoffeln, mittwochs etwas mit Nudeln und so weiter. Auch süße Gerichte wie Milchreis oder Dampfnudeln mit Vanillesoße dürfen nicht fehlen. Viele kombinieren süße Hauptspeisen mit einer herzhaften Suppe vornweg. Das mochte ich selber nie und mache es daher so, dass wir das süße Essen pur genießen. Am nächsten Tag koche ich dafür zum Ausgleich ein gesünderes Gericht.

Ich empfinde Vorausplanen als extrem hilfreich. Trotzdem schaffe ich es nicht jede Woche, alles vor dem ersten Großeinkauf der Woche durchzuplanen. So kommt es oft genug vor, dass ich montags ohne Plan durch den Supermarkt laufe. Und genau dann bin ich häufig an dem Punkt, dass ich denke: »Ach, hätte ich mir gestern nur schon Gedanken gemacht«. Ist ja aber auch kein Beinbruch, dann mache ich mir für die kommende Woche eben vorab Gedanken. Denn mit einem Wochenplan ist das Einkaufen nicht nur entspannter, sondern auch gleich viel schneller erledigt.

Feste Tage für beliebte Gerichte

Bei der Essensplanung haben sich feste Tage für beliebte Gerichte bewährt. Bei uns gibt es freitags zum Beispiel Kartoffelspalten aus dem Ofen, dazu Backofengemüse und gebackenen Feta. Mittwochs haben die Kinder Sport; da kommt oft ein süßes Abendessen auf den Tisch, da ihnen nach der Rennerei meistens Energie fehlt.

Das sind Traditionen, die helfen, das Brainstorming aufs Minimum zu reduzieren und man muss nicht jede Woche aufs Neue überlegen, was man kochen könnte.

Essenstagebuch führen

Allen, die sich nicht jede Woche einen genauen Essensplan überlegen möchten, empfehle ich ein Essenstagebuch. Ich habe ein kleines Notizheft im Küchenschrank liegen. Darin notiere ich, was ich gekocht habe und ergänze das Gericht nach dem Essen direkt um ein Ranking von – bis +++. Bei einem Minus ist es bei den Kindern durchgefallen und bei dreimal Plus äußerst beliebt. So weiß ich auch Monate später noch, wie der Rest der Familie ein bestimmtes Essen fand. Natürlich hilft einem das nicht immer weiter, denn kleine Kinder sind wankelmütiger als eine Fahne im Wind. Nur weil sie den Kartoffelbrei und die Spinatstäbchen letzte Woche geliebt haben, heißt das nicht, dass sie es auch diese Woche wieder erfreut essen werden. Aber erstaunlich oft genießen sie beliebte Gerichte ganz gerne erneut.

Ich differenziere bei der Liste auch zwischen den einzelnen Geschwistern. Denn nur weil der Große etwas mag, isst es der Mittlere nicht unbedingt gerne. Also ergänzt die Liste deshalb am besten um die Namen und berücksichtigt bei der Wochenplanung die Lieblingsgerichte all eurer Kinder.

Unsere +++-Gerichte sind übrigens Spaghetti mit Tomatensoße und die Gerichte aus meiner Top Ten, die ihr unter »Was gibt's bei euch zu essen? (S. 22)« findet. Gerichte mit einem Minus gibt es leider viele, beispielsweise Erbsen-Risotto und derzeit auch Spaghetti bolognese.

Mitschnippeln und naschen lassen

Ich weiß ja nicht, wie es bei euch ist. Aber die Kinder kleben daheim grundsätzlich an mir. Meistens genieße ich das auch. Gut, ich gestehe: nicht immer. Aber ich habe mich in all den Jahren daran gewöhnt, nicht allein in den Keller oder ins Dachgeschoss zum Trockner zu gehen. Denn die Karawane aus allen drei Kindern ist immer dabei. Das ist natürlich auch so, wenn ich koche oder backe. Egal, was sie vorher gemacht haben: Wenn ich anfange zu kochen, stehen die zwei Großen neben mir und wollen mithelfen. Das dürfen sie auch schon von klein auf. Zuerst mit einem Kindermesser, ab vier Jahren durchaus mit dem

Gemüsemesser (nicht allzu sehr geschärft). Schälen, schnippeln, abmessen – ich plane immer mehr Zeit ein, denn diese Assistenten sind natürlich nicht die effektivsten. Streit gibt es vor allem dann, wenn ich schnell etwas allein machen möchte oder wir spät dran sind. Daher fange ich lieber früher mit dem Kochen an. Und wenn es irgendwie möglich ist, versuche ich es auch zu genießen, dass wir das alles zusammen machen. Denn Kochen ist ja wertvolle gemeinsame Familienzeit und es ist eigentlich sehr schön, dass ich nicht das hundertste Buch vorlesen muss.

Plant aber nicht nur viel Extrazeit ein, sondern auch die Nascherei der Karotten, Erbsen und sonstigen Zutaten. Das natürlich umso mehr, wenn der Ehemann ebenso anwesend ist! Meine Kinder dürfen beim Schnippeln gerne naschen und es erstaunt mich immer wieder, dass sie Gemüse roh oft viel lieber essen als später gekocht. Vielleicht ist es dieser Faktor »Ja, okay, eines darfst du noch probieren, aber dann wirklich nicht mehr« oder der Stolz, weil sie es selbst geschnippelt oder abgemessen haben – ich habe keine Ahnung. Aber lieber essen sie sich beim Zubereiten schon halbwegs satt, als dass sie später am Tisch nur rumschmollen und dann mit halbleerem Magen wieder aufstehen. Und roh ist Gemüse ja sowieso am gesündesten, also umso besser, wenn das so läuft.

Meine Kleinen vertragen übrigens TK-Erbsen super und essen sie gefroren viel eher als in der fertigen Soße. Lasst sie also ruhig nach Lust und Laune naschen. Das gilt natürlich nicht für alle Lebensmittel. Aber das wisst ihr selber, dass beispielsweise rohe Kartoffeln nichts im Magen von Groß und Klein zu suchen haben.

Wenig würzen, keine Kräuter

Ich habe immer gerne mit Gewürzen und frischen Kräutern experimentiert. Das mache ich immer noch ab und an, aber meistens essen meine Kinder dann nicht viel davon. In diesem Punkt sind sie eher Minimalisten. Ein bisschen Salz, bloß keinen Pfeffer, Kräuter – urgs, mach dieses grüne Zeug da weg. Es gibt immer gute Phasen, da stört es nicht, und schlechte Phasen, da macht der Oregano die leckerste Soße zunichte. Pfeffer verwende ich sehr sparsam und Kräuter nehme ich am liebsten frisch am Stück. Da lasse ich einfach den ganzen Thymian-Ast in die Soße plumpsen. So haben es die Kleinen später nicht auf dem Teller.

Ungeliebtes heimlich unterjubeln

Bestimmte Geschmäcker sind bei Kindern unbeliebt. Bei uns waren Zwiebeln lange Zeit ein heikles Thema. Ich habe sie daher am liebsten angebraten und in der Soße versteckt, wenn die Kinder es nicht mitbekommen haben. Wenn man die Zwiebeln außerdem süß karamellisiert (mit Honig oder Agavensirup), schmecken sie auch sehr lecker und fallen, zumindest bei uns, nur sehr selten negativ auf.

Ansonsten mische ich ungeliebtes Gemüse gerne in pürierter Form unter das Essen oder schummle auch eine Portion Linsen in die Tomatensoße. Lieber ein paar Hülsenfrüchte als gar keine und vielleicht gewöhnen sie sich so an den Geschmack.

Verratet die Zutaten nicht

Bei uns ist es am besten, wenn ich so wenig über die Zutaten verrate wie möglich. Die sind ja zum Glück nicht immer eindeutig identifizierbar. Ich habe auch keine Ahnung, warum das so ist, aber es kann wirklich sein, dass sie ein Gericht gerne essen, aber wehe, sie hören, dass rote Linsen oder Zucchini drin sind, dann ist es vorbei und sie rühren es nicht mehr an. Ich antworte daher gerne ausweichend auf die Frage »Was ist da denn drin?«, dass ich es gar nicht mehr so genau weiß, und hoffe immer, dass sie das gelten lassen.

Quatschnamen einführen

Spaß und Quatsch gehören bei uns – in Maßen – zum Essen dazu. In Maßen, weil ein bisschen Quatsch gerne in viel zu viel Quatsch und Übermut ausufert. Etwas, das wohl jeder mit kleinen Kindern kennt. Bei uns hilft es, wenn das Essen Phantasienamen bekommt. Brokkoli sind zum Beispiel Bäume bei uns, Erbsen werden als Mini-Fußbälle bezeichnet, Karotten als Piratenmünzen, Hörnchen-Nudeln sind Knieschoner und es gibt noch allerlei mehr. Das ist natürlich ziemlich jungslastig bei uns. Aber mit Sicherheit kommen auch Prinzessinnen-Haare (Spaghetti) oder Einhorn-Futter (Gurken) gut an.

Da wir so viele verschiedene Begriffe haben, vergesse ich sie leider regelmäßig. Aber das ist auch egal. Entweder die Jungs erinnern sich dran oder wir denken uns während des Essens neue Quatschnamen aus. Da sind sie glücklicherweise recht nachsichtig mit mir.

Dazu erzähle ich gerne irgendwelche Geschichten, zum Beispiel, dass das Gemüse sprechen kann und nicht gegessen werden will. Ich spreche dann im Namen einer Kichererbse oder Erbse und erzähle irgendetwas im Stil von »Oh nein, Hilfe, bitte iss mich nicht! Ich komme gerade vom Friseur und habe mir eine schicke Glatze schneiden lassen. Die würde ich so gerne meinen Freunden zeigen. Neiiiin, bitte iss mich nicht. Huch, ganz schön dunkel hier drin. Bin ich jetzt in deinem Mund? Kommen meine Freunde wenigstens auch gleich, damit wir eine Party feiern können?«

Der Nachtisch kann es retten

Ansonsten gilt die alte Regel: Je unbeliebter das Essen ist, desto toller muss der Nachtisch sein. Schafft der Nachwuchs die ganze Portion, gibt es auch eine ganze Portion Nachtisch. Wer nur einen halben Teller des Hauptgerichts isst, kann sich auch nur über eine halbe Portion Nachtisch freuen. Das ist euch zu hart? Mir manchmal auch! Und dann gibt es schon einen ganzen Nachtisch, wenn sie ohne zu motzen einen großen Löffel vom Hauptgang probiert haben. Manchmal zählt einfach der gute Wille und wir sind ja eine Familie, oder etwa nicht?

Der Vorteil ist, dass sie so zumindest alle möglichen Geschmacksrichtungen kennenlernen. Der Däne Per Møller ist Professor der Neurowissenschaften und Ernährungsforscher und hat Versuche durchgeführt, die zeigen, dass man sich an einen unbeliebten Geschmack durchaus gewöhnen kann. Er spricht vom Prinzip der Pawlow'schen Konditionierung – das kennt vielleicht die eine oder andere. Übertragen auf diese Situation sagt es, dass man Steak, wenn man es sehr mag, zum Beispiel regelmäßig mit Kohl kombinieren soll, wenn man diesen nicht so mag. Wiederholt man diese Kombination oft genug, schüttet das Gehirn irgendwann die Botenstoffe, die glücklich machen, auch bei Kohl aus, wenn das Steak gar nicht mehr dabei ist. Also einfach dranbleiben und vielleicht merken die Kleinen ja beim fünften Mal, dass Karotten gar nicht so schlecht schmecken.

Familientisch: Esst ihr immer alle zusammen?

Ja, das tun wir tatsächlich. Nur mein Mann kommt oft etwas später von der Arbeit nach Hause und isst nicht jeden Tag mit. Das gemeinsame Essen ist mir heilig, weil ich dieses Beisammensein liebe und auch vom positiven Einfluss auf unser Familienleben überzeugt bin. Die Mahlzeiten sind immer laut, chaotisch, anstrengend – gleichzeitig sind sie wunderschön. Dieses Zusammenkommen gibt dem Tag Struktur und schenkt uns gemeinsame Zeit. Wir lachen, diskutieren, streiten und ganz nebenbei üben die Kinder das gute Benehmen bei Tisch. Es ist immer schön, wenn alle sich auf ihre Plätze setzen, dampfende Schüsseln und Töpfe auf dem Tisch stehen und jeder sich sein Essen schöpft. Das dürfen die Kinder schon von klein auf bei uns – und sie lieben es.

Klar, spätestens, wenn wir am Tisch sitzen, kann auch das Gemecker losgehen: »Iihhhh, heute gibt es schon wieder Spinat« und »DAS esse ich aber auf gar keinen Fall« und so weiter. Ihr kennt das sicher auch. Da fühlt man sich als Mama direkt geliebt und wertgeschätzt. Nicht wirklich! Das Gemecker habe ich inzwischen oft genug gehört und nehme es einfach nicht mehr ernst. Durch diese gemeinsamen Mahlzeiten möchten wir als Eltern den Kindern vorleben, dass sie Essen wertschätzen und auch dann höflich bleiben, wenn es auf den ersten Blick nicht superlecker aussieht. Okay, Letzteres üben wir aber noch, räusper. Aber auch eine Reise von 1000 Meilen beginnt mit dem ersten Schritt [chin. Sprichwort].

Auch das Thema Achtsamkeit spiegelt sich in den Familienmahlzeiten wider. Heutzutage sind wir Menschen so vielen verschiedenen Einflüssen ausgesetzt. Gedanklich springen wir immer hin und her, Essen ist manchmal eher ein notwendiges Übel und hat nichts mit Genuss zu tun. Wenn wir essen, sehen wir parallel vielleicht fern oder spielen auf dem Handy und beschäftigen uns nicht wirklich mit der Mahlzeit und dem, womit wir unseren Körper eigentlich am Leben erhalten. Denn was für ein Auto das Benzin ist, ist für uns das Essen. Es ist überlebensnotwendig für uns. Dabei spielt nicht nur eine Rolle, was wir essen. Sondern auch, wie wir essen. Wann schmeckt uns die italienische Pasta mit frischer Tomatensoße und geriebenem Parmesan besser: wenn wir an einem lauen Sommerabend zusammen mit unserer Familie auf der Terrasse sitzen, die Vögel im Hintergrund zwitschern und wir uns unterhalten? Oder wenn wir uns nebeneinander auf der Couch positionieren und uns passiv berieseln lassen, während wir die Nudeln essen? Mahlzeiten sind für mich ein Innehalten und Zusammenfinden; die Medienwelt bleibt dabei außen vor und wir konzentrieren uns aufeinander als Familie.

Ja, die gemeinsamen Mahlzeiten können teilweise anstrengend sein. Ich will hier auch nicht so tun, als ob das immer Harmonie pur wäre. Da kippen regelmäßig Gläser um – Traubensaftschorle und Parkett sind eine totale Traumkombination, kann ich euch sagen. Da macht das Putzen richtig viel Spaß – Essen landet ständig auf dem Tisch, Ärmel hängen in die Suppe, alle quatschen viel zu laut durcheinander und ich flitze überstürzt mehrere Male in die Küche, um vergessene Sachen zu holen. So laufen unsere Mahlzeiten ab. Das ist unser Familienleben. Es verläuft nicht immer reibungslos, selten ruhig und friedlich. Aber genau so soll und darf das auch an unserem Tisch sein, wenn wir alle zusammenkommen.

Was gibt's bei euch zu essen? Meine Top Ten

Hier ist die aktuelle Top Ten dessen, was ich regelmäßig koche:

1. Pommes/Ofenkartoffeln: Rohe Kartoffeln schnippeln, mit Salz, Pfeffer, Paprika würzen und ab in den Ofen. Dazu Ofengemüse nach Wahl und nach Lust und Laune Feta, beispielsweise in einer kleinen Auflaufform in den Ofen geben, gewürzt mit Salz, Pfeffer, Paprika und einem Schuss Olivenöl abgeschmeckt. Optional sind frische Kräuter, für uns Eltern dünn geschnittene Zwiebeln und Knoblauch.

2. Cremiger Kartoffel-Eintopf mit Erbsen: Dazu passen Lachs oder Würstchen: Kartoffelwürfel mit Zwiebeln anbraten, mit Gemüsebrühe bedecken, etwa 10–15 Minuten kochen lassen, Erbsen dazugeben und mit Frischkäse oder saurer Sahne abschmecken.

3. Kartoffelbrei mit Fisch- oder Gemüsestäbchen: Dazu gibt es hier meistens Brokkoli, also Bäume, ihr erinnert euch an die Quatschnamen. Für den Kartoffelbrei die Kartoffeln weich kochen, klein stampfen, zerdrücken und mit Milch, Butter und Muskat abschmecken. Brokkoli klein schneiden und bissfest garen, nur leicht salzen.

4. Nudeln mit »Avocado-Pesto«: Zerdrückte Avocado als Pesto für die Kinder und eine andere Soße für uns Eltern. Je mehr Mühe ich mir mit der Avocado gebe (leckeres Öl dazu, Basilikum, Zitrone, Salz und Pfeffer), desto weniger gerne essen die Kids das. Also gibt es sie meistens pur, damit sie gut ankommt.

5. Gemüse in Kokosmilch, serviert mit Reis: Dazu Gemüse nach Wahl klein schneiden und in Kokosmilch bissfest garen. Mit Salz, Pfeffer und ein wenig Zitrone abschmecken.

6. Pfannkuchen: Für mich mit Blumenkohl, und meine Männer essen meistens Schinken dazu. Zum Schluss gibt's immer einen süßen mit Marmelade oder Kakaopulver. Aber erst, wenn sie das Gemüse zumindest probiert haben.

7. Schlemmerfilet: Von Iglo, mit Reis oder Kartoffeln (fällt das unter Kochen?).

8. Selbstgemachte Pizza: Für die Kinder oft Margherita mit Mais.

9. Italienische Pasta: Dazu Gemüse in Olivenöl anbraten, bissfest dämpfen und anschließend mit gerösteten Pinienkernen direkt in der Pfanne mit Spaghetti und evtl. etwas Kochwasser vermischen.

10. Gnocchi oder Mini-Knödelchen: Dazu eine Frischkäse-Soße mit Gemüse nach Wahl drin.

Wo wir gerade bei den Top-Listen sind: Wir Mamas besuchen uns ja gerne nachmittags mit den Kindern und achten natürlich insgeheim drauf, welche Snacks andere Familien eigentlich so auftischen. Denn der Nachwuchs ist prinzipiell immer hungrig. Ohne etwas zu schnabulieren geht es also nicht. Ist der Blutzuckerspiegel zu sehr gesunken, können sie vorübergehend zu Bengelchen werden und sich streiten. Ich weiß nicht, wie es euch geht. Aber meine Kinder haben ständig Hunger. Also wirklich immer! Die könnten sich pausenlos durch den Nachmittag snacken. Außer es gibt »richtiges Essen«, sprich, ich habe gekocht. Da hört der Hunger urplötzlich auf. Vielen Dank auch.

Top Five der Nachmittagssnacks – aus Elternsicht

1. Laugengebäck mit oder ohne Butter
2. Geschnittenes Obst
3. Naturjoghurt mit frischem Obst
4. Rosinenbrot
5. Eis (nicht allzu viel)

Top Five der Nachmittagssnacks – aus Kindersicht

1. Laugengebäck mit Marmelade oder Honig
2. Schokolade
3. Gekaufter Joghurt, gerne mit Smarties. Oder Schokobällchen. Oder beidem.
4. Kuchen
5. Eis (viel)

Meistens gibt es hier tatsächlich die gesunde Variante, aber die Mischung macht es ja bekanntlich aus, und alle paar Tage sind ein Honigbrot (oder zwei?) oder ein großes Stück Schokolade genau das, was die Kinder brauchen. Ich achte dann schon darauf, dass ich für den Abend nicht unbedingt ein süßes Gericht geplant habe oder ob es generell schon ein sehr »süßer« Tag war. Aber selbst wenn es doch einmal so wäre – na und? Dann gibt's einfach die nächsten zwei Tage nachmittags Obstteller. Komischerweise gibt es bei anderen Mamas meistens eine gesunde Snack-Variante, sobald Besuch da ist. Aber das geht uns ja allen so, oder etwa nicht? Allein im stillen Kämmerlein schmeckt das Brot mit einer dicken Schokoschicht drauf einfach viel besser, als wenn drei Leute zuschauen. In meinem Bekanntenkreis sprechen wir süße Ausnahmen meistens vorher ab, weil wir Mamas ja nie wissen, wie viel die anderen Kinder an diesem Tag schon genascht haben. Das finde ich super. Schließlich legen wir in dem Alter die Basis für die Ernährung, die wir ihnen ein Leben lang wünschen – ausgewogen, abwechslungsreich und mit vielseitig erprobtem Gaumen. Lasst uns jetzt die Grundlage legen und hoffen, dass sie später von sich aus Gefallen daran finden.

Ach ja, und falls eure Kinder beim Nachmittagssnack besser essen als beim Abendessen: Das ist bei den meisten Kindern so – sage ich und sagen meine Freundinnen. Irgendwie schmeckt es da einfach besser. Also nicht drüber ärgern, sondern es akzeptieren und nachmittags eine ausgewogene Mischung anbieten.

Hilfe, es kommt überraschend Besuch

Nicht immer bleibt genug Zeit zum Vorbereiten, wenn sich Besuch ankündigt. Und natürlich ist der Obstvorrat immer dann mager, wenn man einen besonders gesunden Snack präsentieren möchte. Tja, nun ist guter Rat teuer, wenn man trotzdem etwas anbieten möchte, worüber sich Klein und Groß freuen. Hier meine Top Five:

1. Tiefkühl-Brezeln: Die schmecken einfach himmlisch und wie oft bekommt man schon lauwarme Brezeln? Damit punktet man in jedem Fall bei den Kindern.

2. Waffeln: Sobald man ein Waffeleisen besitzt, kann nichts mehr schiefgehen. Die Zutaten für den Teig hat man meistens daheim. Eignet euch am besten frühzeitig ein gutes Rezept mit den Zutaten an, die ihr sowieso immer im Haus habt! Ich mache immer die vegane Variante und habe so auch nicht das Problem, ob beispielsweise Eier da sind. Ein Ei kann man übrigens super durch Apfelmus oder eine halbe Banane ersetzen. Dazu entweder Obstmus oder Puderzucker reichen und schon habt ihr glückliche Besucher.

3. Zimtschnecken aus einer Rolle Fertig-Blätterteig: Ofen vorheizen, Blätterteig ausrollen, in vier Teile teilen. Jeweils mit Zimt-Zucker bestreuen, rollen, Schnecken abschneiden und etwa 10 Minuten backen. Schmeckt sehr lecker und geht unheimlich schnell. Die Küche muss man danach auch nicht putzen, was den Snack noch viel toller macht. Oder auch eine herzhafte Variante: Dafür die Rechtecke einfach mit Pesto bestreichen, optional auch mit gewürfelten Tomaten sowie Oliven und Käse belegen, und ab in den Ofen.

4. Eine Platte Buntes: Die kümmerlichen Obst- und Gemüsereste, Butterbrot in handliche Happen geschnitten, alternativ auch Toastbrot, Cracker und Knäckebrot. Dazu ein paar Kekse oder etwas Süßes auf einer großen Platte anrichten – und schon habt ihr eine »Deluxe-Snack-Platte«, die ihresgleichen sucht. Aufpeppen könnt ihr sie, indem ihr ein paar Spieße macht (abwechselnd Butterbrot und Obst/Gemüse aufpiksen) oder diese kleinen Länderfähnchen oder etwas Ähnliches zum Aufpiksen dazulegt. Auch getrocknete Äpfel, Rosinen oder anderes Trockenobst kann man daheim gut auf Vorrat lagern und super dazu anbieten.

5. Smoothies oder besondere Getränke: Tiefkühl-Obst mit Milch oder Wasser pürieren, eventuell mit Honig süßen und die Kinder durch Strohhalme schlürfen lassen. Im Sommer punktet man sogar schon mit einer dünnen Saftschorle mit Gummibärchen-Eiswürfeln drin. Dazu irgendwann vorher, wenn man gerade dran denkt, Wasser oder

Saft mit je ein bis zwei Gummibärchen im Eiswürfelbehälter einfrieren. Ergänzend Obstreste auf Schaschlik-Spieße stecken und ins Glas stellen.

Frühstücksideen für Kindergarten und Schule

Ich bin ja eine Schnippeltante, die die Frühstücksboxen der Kinder jeden Morgen frisch befüllt. Das habe ich auch schon gemacht, als ich vor der Elternzeit noch gearbeitet habe. In der Elternzeit geht es natürlich etwas entspannter zu, da ich nicht zu einer bestimmten Uhrzeit in Richtung Büro aufbrechen muss. Da ich für die beiden älteren Kinder das zweite Frühstück mitgebe und für den Mittleren zusätzlich ein (kaltes) Mittagessen, steht morgens immer einiges an Arbeit an.

Wir haben eine große Mücheninsel und während die beiden Kinder auf der einen Seite auf einer großen Bank aus altem Eichenholz frühstücken, stehe ich auf der anderen Seite und befülle die Boxen. Neben mir ist das Baby im Hochstuhl, das ich parallel füttere. An manchen Tagen ist das morgens wirklich ziemlich entspannt und ich genieße es sehr. An vielen anderen Tagen finden die Jungs schnell einen Grund zum Streiten. Sie sind da ziemlich kreativ, ich gebe euch gerne einen Einblick: Wer hat für sein Müsli den längeren Löffel? Wer sitzt weiter in der Mitte der Bank? Und wer darf später beim Zähneputzen zuerst am Waschbecken stehen? Von dieser morgendlichen Romantik war in den Ratgebern, die ich früher gelesen habe, leider nie die Rede. Zum Glück gibt es Kaffee, der mich durch den Morgen rettet. Und eben die wenigen Tage, an denen alles glattläuft und wir zusammen lachen und Spaß haben. Später werde ich mich – in verklärter Sicht – wohl vor allem an die schönen Momente erinnern. So hat es zumindest den Anschein, wenn andere Eltern aus der Zeit erzählen, als ihre Kinder noch klein waren. Da klingt das immer so nett. Vielleicht sollte ich es besser nicht aufschreiben. Aber, hm, zu spät … Hier also sind nun meine Frühstücksideen, die ich in verschiedene Boxen mit zwei, drei oder vier Unterteilungen (die untereinander dicht sind) packe. Falls ihr nur große Dosen ohne Unterteilungen habt, könnt ihr auch Muffin-Formen aus Silikon nutzen.

Die Box mit dem zweiten Frühstück für den Großen ist schnell vorbereitet: ein bisschen Obst, ab und zu Gurke oder Paprika, ein halbes belegtes Brot und eine Mini-Süßigkeit.

Für den Mittleren bereite ich abends immer ein Schicht-Müsli zu, das über Nacht durchziehen kann. Quasi ein kleines Bircher Müsli. Ich mache immer eine Schicht ungesüßtes Obstmus und/oder Obst, eine Schicht Haferflocken oder zuckerfreies Basis-Müsli und eine Schicht Joghurt. Die Schichten kann man ein- oder zweimal wiederholen, je nach Geschmack. Das zuckerfreie Mus hole ich im Drogerie- oder Biomarkt in großen Gläsern oder in den kleinen Gläsern in der Babyabteilung.

Morgens teile ich die Box in Gemüse, Obst und Kohlenhydrate ein. Obst und Gemüse wie Gurke, Paprika und Karotten wechsle ich immer durch. Ab und zu gebe ich auch einen Dip für das Gemüse mit. Die Kohlenhydrate gibt es in Form von belegtem Brot oder Kartoffeln und Nudeln, die vom Vortag übrig sind. Seltsamerweise mögen sie die total gerne. Als Alternative bieten sich Wraps, ungewürzte Maisbällchen, Dinkelstangen aus dem Drogeriemarkt oder Zwieback und Knäckebrot an. Beliebt sind auch Gemüsepuffer, die ich immer dann mitgebe, wenn sie vom Essen am Vortag übrig sind. Damit die Kleinen das einigermaßen bequem essen können, könnt ihr kleine Picknickgäbelchen kaufen. Unter dem Stichwort »Bento pick« findet ihr im Internet viele tolle Shops, die so etwas im Angebot haben; oder eben direkt bei Amazon. Das Wort »Bento« kommt aus dem Japanischen und ist die Bezeichnung dafür, Essen in kleinen Kästchen zu reichen und wie bei einem Picknick zu essen. Eine perfekte Beschreibung für Kindergartenboxen! Wenn ihr Foto-Inspirationen wollt, seid ihr auch herzlich eingeladen, meine Facebook-Gruppe »Frühstücksideen für Kita und Kindergarten« zu besuchen. Da posten Mamas regelmäßig Fotos von leckeren Frühstücksboxen und man bekommt rasch neue Ideen. Oder googelt einfach nach Bento-Seiten, da gibt es sehr viele im Internet, alle mit vielen tollen Fotos.

Wie machst du das mit den Süßigkeiten?

Gerade im Umgang mit kleineren Kindern führt das Thema Süßigkeiten häufig zu Dauerknatsch. Es ist unglaublich, wie oft mein Mittlerer direkt nach dem Aufstehen nach Süßigkeiten fragt – und das, obwohl es um diese Uhrzeit natürlich noch nie welche gegeben hat.

Ich versuche, den Kindern generell ein gesundes Verhältnis zum Thema Süßigkeiten beizubringen.

Es ist zwar nicht verpönt bei uns zuhause, aber es gibt auch nicht ständig welche. Wir frühstücken ein-, maximal zweimal süß unter der Woche. Da können sich die Kinder über Brot mit Marmelade oder Honig oder Schokoladenmüsli freuen. An den anderen Werktagen gibt es gesundes Müsli oder herzhaftes Brot, dazu Obst. Da ich sowieso immer parallel Kindergartenboxen richte, ist dies auch kein großer Extraaufwand für mich. Am Wochenende können sie an beiden Tagen süß frühstücken, da gibt es auf Wunsch auch Nutella oder wir machen Pancakes mit Ahornsirup. Oft denken sie aber gar nicht an Schokocreme, sondern essen automatisch Müsli. Nachmittags nach dem Kindergarten bekommen sie oft etwas Süßes. Hier gibt es entweder ein Honigbrot, Kekse oder ein Eis, ansonsten bei größerem Appetit auch Obst und gesunde Knabbereien. Mit Sicherheit kommen auch Tage vor, an denen es mehr gibt. Aber ich biete dann wie bereits erwähnt an den nächsten Tagen gesündere Snacks und weniger Süßes an. Darüber hinaus haben die Kinder, seit sie zweieinhalb und vier Jahre alt sind, eine eigene kleine Box mit Süßigkeiten in ihren Kinderzimmern. Zu dieser haben sie immer freien Zugang, es gibt nur ein paar Regeln im Umgang mit dieser kleinen Schatzkiste: Sie dürfen nicht vor dem Frühstück oder direkt vor oder nach dem Abendessen naschen und wenn sie etwas mit Schokolade essen, müssen sie Hände waschen. Ich hätte es selber nicht gedacht, aber das klappt erstaunlich gut. Sie hüten diese Sachen wie einen Schatz und genießen wirklich einzelne Gummibärchen, statt den gesamten Inhalt auf einmal in sich hineinzustopfen. Etwa einmal pro Woche fülle ich die Box auf. Essen sie alles zu früh leer, haben sie ein paar Tage nichts Süßes. Meistens reicht es aber sogar länger als eine Woche, da sie wirklich sparsam damit umgehen. Diese Box hat auch den großen Vorteil, dass ich die ständige Frage nach Süßigkeiten damit beantworten kann, dass sie gerne etwas aus ihrer Box essen dürfen. Dann suchen sie sich etwas aus, was ihnen schmeckt, und ich weiß, dass die Menge über die Woche ungefähr stimmt. Ich bin auch immer großzügig und gebe ihnen eine schöne bunte Mischung mit Dingen, die sie gerne mögen. Bei uns hat diese Box den Alltag entspannter gemacht und gleichzeitig das Verhältnis zum Thema Süßigkeiten etwas normalisiert, da sie immer Zugang zu Süßigkeiten haben und diese kein Tabuthema mehr sind.

 Die wichtigsten Gedanken in Kürze
- Mit Vorausplanen kommt ihr einfacher durch die Woche.
- Geduld und Fantasie bringen euch bei leidigen Essensthemen oft erstaunlich gut weiter.
- Ideen für Frühstücksboxen findet ihr im Internet unter dem Stichwort »Bento«.
- Die Kinder sollen einen gesunden Umgang mit Süßigkeiten lernen. Diese sind daher weder verpönt noch ständig erlaubt.
- Es gibt bei uns nicht jeden Tag ein süßes Frühstück, aber wenn, genießen es alle sehr.
- Eine eigene Süßigkeitenbox im Kinderzimmer hilft den Kindern, Verantwortung für deren Konsum zu übernehmen und sich die Leckereien einzuteilen.

Das nervige Alltagschaos bewältigen

Ich komme manchmal vom Einkaufen nach Hause und weiß im ersten Moment nicht, ob während meiner kurzen Abwesenheit Einbrecher zugange waren. Die meisten Schranktüren in der Küche und im Wohnzimmer stehen offen, der Küchenboden ist mit Spielsachen und Plastikgeschirr bedeckt und im Flur liegen Schuhe kreuz und quer auf dem Boden. Da auf dem Tisch noch Frühstücksteller mit angenagten Broten und nur halb ausgetrunkene Becher stehen, komme ich schnell wieder in der Realität an: Es wurde natürlich nicht eingebrochen. Ich habe drei Kleinkinder und musste vorhin schnell los, ohne das gröbste Chaos beseitigt zu haben. Während die Großen gefrühstückt haben, nutzte der Kleinste die Zeit, in der ich kurz im Bad war, und räumte sämtliche für ihn erreichbare Schränke aus. Er ist nicht wirklich anspruchsvoll und kümmert sich um die Schubladen in der Küche mit der gleichen Liebe wie um das Schuhregal im Flur und die Bastelschublade im Wohnzimmer. Eigentlich ist das der perfekte Zeitpunkt, um heulend auf den Boden zu sinken. Oder um sich einen Kaffee zu machen, den in Ruhe zu trinken, dabei eine Runde zu lesen und sich dann darum zu kümmern, die Zimmer wieder herzurichten.

Ich fahre mit der Strategie ganz gut, mir wegen der Themen »Chaos« und »perfekt aufgeräumtes Zuhause« nicht so viel Stress zu machen. In ein paar Jahren sind die Kinder älter und da wird es auch wieder ruhiger und ordentlicher. Dann ist die extreme Ausräumphase des Jüngsten vorbei und man hat das Wohnzimmer wieder für sich.

Vielleicht ist es bei uns insgesamt etwas unordentlicher als bei anderen. Aber nun gut, dann ist das eben so. Es ist immer sauber, nur leider oft etwas chaotisch. Mit drei kleinen Kindern fühle ich mich regelmäßig wie in einem Hamsterrad und komme wirklich kaum hinterher, alles bis ins kleinste Detail aufzuräumen. So geht es wahrscheinlich vielen Mamas. Ich verbringe gefühlt unendlich viel Zeit damit, alles ordentlich zu halten, den Boden und sämtliche Ablagen aufzuräumen – und schwupp, kommt ein Kind ins Zimmer und richtet in zwei Minuten ein schlimmeres Chaos als zuvor an. Zudem finde ich es auch wichtig, Sachen für mich selbst zu machen und nicht all meine Zeit mit Aufräumen zu verbringen. Denn was macht das Leben letztendlich aus? Dass man es mit Aufräumen verbringt oder mit Dingen, die man liebt und die es erst so richtig l(i)ebenswert machen?

Ich möchte euch als kleine Zwischennotiz, bevor die wirklichen Aufräumtipps folgen, Folgendes ans Herz legen:

> *Genießt das Chaos,*
> *wenn ihr das nur irgendwie könnt.*

Denn irgendwann kommt die Zeit, in der eure Kleinen kaum noch zuhause sind und schließlich ausziehen werden. Niemand parkt dann Pixi-Bücher auf der schicken Ablage neben der Toilette. Keiner räumt eure Küchenschubladen aus. Ja, ich weiß, es ist in all dem Chaos, das aktuell daheim herrschen mag, kaum vorstellbar: Aber irgendwann habt ihr keine angetrockneten Müslireste mehr auf dem Holztisch im Esszimmer kleben und könnt euch nicht mehr an offenen Schranktüren im Haus ergötzen. Irgendwann sind die Kinder groß und führen ihr eigenes Leben. Vielleicht sitzt ihr dann daheim und wartet, dass sie anrufen oder euch besuchen. Ihr werdet traurig sein, dass ihr euch nicht so oft seht, und euch die Zeit zurückwünschen, in der daheim jeden Tag so viel Leben wie jetzt und heute herrschte. Denn schlimmer als ein unordentliches Haus ist ein stilles Haus, in dem kein Leben vorhanden ist. Ich schimpfe selber so oft mit den Kindern, wenn es wieder unordentlich ist, und bin häufig ungeduldig und wünsche mir dabei so sehr, dass ich gelassener sein kann, denn: Ich habe immer irgendwo im letzten Hinterstübchen meines Kopfes den Gedanken, dass dieser Trubel eigentlich genau das ist, was ich will! Die Zeit, in der alles blitzeblank ist und ich auf die Besuche meiner Kinder warten werde, kann einfach nicht schöner sein als das laute Chaos jetzt. Vielleicht hilft euch dieser Gedanke beim nächsten Mal, wenn die Kleinen die Bude wieder auf den Kopf stellen?

Nun aber weiter im Text. Denn Liebe und Visionen hin oder her: Wir müssen das Aufräumen so effektiv wie möglich gestalten, damit wir auch mit kleinen Kindern eine vorzeigbare Wohnung haben. Dabei muss natürlich jede Mama für sich selbst schauen, welchen Anspruch sie an die eigene Grundordnung hat und wie viel Zeit sie dafür erübrigen kann und mag. Keine will wahrscheinlich zu viel Zeit mit Haushalt und Aufräumen verbringen. Lasst uns mit dem Raum beginnen, in dem sich die täglichen Dramen in den olympischen Disziplinen »Anziehen in zehn Akten«, »Einschlafen in unter einer Stunde« und »Playmobil-Weitwurf« abspielen – dem Kinderzimmer.

Kinderzimmer aufräumen

Ich weiß nicht, wie es bei euch ist. Aber in unseren Kinderzimmern sieht es oft so aus, als hätte eine Bombe eingeschlagen. Oft? Huch, warum schreibe ich »oft«? »Nahezu täglich« trifft es eher! Die Jungs holen beim Spielen meist wahllos alles aus den Schubladen, bespielen die Sachen im Sekundentakt und fabrizieren während ihrer Spielerei große bunte Haufen aus Playmobil, Schraubspielen, Magneten, Verkleidungssachen und Küchenzubehör. Gerne spielen sie auch das wunderschöne Fantasie-Spiel »Sperrmüll«: Sie räumen dafür alles Mögliche aus und werfen es querbeet auf einen riesigen Haufen. Anfangs habe ich mich noch über dieses Spiel aufgeregt. Inzwischen habe ich einfach ein paar Regeln aufgestellt und nun macht mir das Chaos nicht mehr so viel aus. Zum Beispiel dürfen sie die Schubladen mit dem ganzen Krimskrams nicht zusätzlich auskippen. Und sie spielen das Sperrmüll-Spiel wirklich so toll miteinander, dass ich zumindest währenddessen sehr entspannte 15 Minuten habe. In dieser Zeit habe ich tatsächlich schon die ein oder andere Zeitschrift gelesen. Aber klar, zugegebenermaßen räumen wir danach gefühlt ewig auf.

Mir hat es geholfen, mit ihrer Art zu spielen meinen Frieden zu schließen und nicht darauf zu hoffen, dass sie »schön« miteinander spielen oder wie auch immer man eine strukturierte Spielweise nennen möchte. Meinen Jungs machen Chaos-Aktionen wie diese einfach viel mehr Spaß, als drei Playmobilpferde durch das Zimmer zu schieben oder fünf Autos über den Boden sausen zu lassen. Eins tröstet mich: Viele Studien haben ergeben, dass freies, kreatives Spielen Kinder unheimlich in ihrer Entwicklung fördert. Der deutsche Hirnforscher Gerald Hüther weist etwa darauf hin, dass Kinder Freiheit und Zeit für kreatives Spiel brauchen, weil das einen wachstumsstimulierenden Effekt auf die neuronalen Vernetzungen im Gehirn hat. Und zwar einen viel größeren, als angeleitete Kurse, Sport-Training und musikalische Frühförderung das je hinbekommen könnten. Klingt nicht schlecht, oder? Ich ziehe mir quasi kleine Einsteins heran … Naja, an irgendeinen Strohhalm muss ich mich ja klammern.

Wie wird die Bude wieder begehbar?

Ich erwarte nicht, dass die Kinder alles allein aufräumen nach derartigen Aktionen. Dafür sind sie mit drei und fünf einfach zu klein. Aber ich erwarte schon, dass sie mithelfen. Ich mache dabei immer den Anfang und leite die Aufräum-Aktion an, weil Kindern freies Aufräumen ohne Anleitung meiner Erfahrung nach sehr schwerfällt.

Irgendwie geht es mir selbst auch so: Komme ich in meine Küche und da steht viel schmutziges Geschirr, dazu schmutzige Töpfe und angenagtes Obst, weiß ich auch oft gar nicht so recht, wo ich eigentlich beginnen soll. Da wäre es viel bequemer, wenn jemand da wäre, der sagte: »Hey Miriam, räum du die Teller in die Spülmaschine und ich kümmere mich um die Töpfe.« Das würde sich gut anfühlen, oder? Aber nein, wir sind erwachsen und müssen allein eine Struktur finden und den Aufräumprozess so planen, dass er sinnvoll und effektiv ist. Das ist anstrengend, wenn die ganze Küche schmutzig ist. Viel leichter ist es, einzelne konkrete Anweisungen umzusetzen. Wenn das sogar uns Erwachsenen so geht – wie viel leichter ist es dann zu verstehen, dass es Kindern schwerfällt, einfach nur »aufzuräumen«? Ich sage deshalb nicht: »Räum bitte dein Zimmer auf!«, sondern: »Nimm die Verkleidungssachen und packe sie in diese Kiste.« Sie bekommen so einen einzelnen Auftrag, den sie nur auszuführen brauchen. Das fällt ihnen viel leichter als abstrakte Aufforderungen, mit denen sie nichts anfangen können. Wenn die Kinder noch zu klein sind oder schon müde und es auch mit dieser Aufforderung nicht klappt, mache ich es selbst oder packe heimlich mit an.

Aber mit ihren einzelnen, kleinen Aufträgen, die sie erfüllen sollen, klappt das meistens gut. Und in der Zwischenzeit räume ich das komplette restliche Zimmer auf. Wenn sie fertig sind, bekommen sie von mir natürlich die nächste Mission aufs Auge gedrückt. Dafür lasse ich für meinen Dreijährigen auch schon mal ein paar einzelne Legosteine vorsortiert liegen, die er nur noch einräumen muss. Der Fünfjährige ist natürlich fitter, er kann sich die Legosteine auch im Chaos zusammensuchen und allein wegräumen. Das kann man als Mama am besten einschätzen, wann ein Kind für welche Aufgabe bereit ist und wann es überfordert wirkt. Überforderung äußert sich hier wie so oft durch Bockigkeit. Machen sie nicht mit, kann es sein, dass sie nur einen leichteren, konkreteren Auftrag brauchen.

Ansonsten gehört es für mich dazu, sie anzuleiten, dass sie ein Spielzeug wegräumen, wenn sie etwas Neues beginnen möchten – genauso wie das auch im Kindergarten selbstverständlich ist. Sind sie also beispielsweise mit einem Gesellschaftsspiel fertig, sollen sie das erst wegräumen, bevor sie mit Malen anfangen. Zumindest, wenn ich es mitbekomme, erinnere ich sie daran. Von allein machen sie es nämlich nicht. Aber ich habe die Hoffnung, dass sie es in zehn Jahren verinnerlicht haben. Vielleicht danken es mir auch die späteren Ehefrauen einmal, wenn ich ihnen ordentliche Ehemänner übergeben kann, und sie es dann etwas leichter haben.

Nicht zuletzt dürfen wir Mamas auch beim Aufräumen mit allen möglichen Anreizen arbeiten. Wenn meine Jungs wissen, dass wir uns danach mit einem heißen Kakao stärken oder ich etwas vorlese oder die abendliche Fernseh-Berieselung auf sie wartet, geht das Aufräumen direkt leichter von der Hand. Ein positiver Ausblick ist etwas Schönes. Das motiviert nicht nur uns Große, sondern auch unsere Kleinen.

Generelle Tipps rund ums Aufräumen

Schaut, dass alles seinen festen Platz hat: Wenn man nicht mehr überlegen muss, wohin man etwas räumt, spart das Zeit und Nerven. Wir haben im Wohnzimmerschrank DIN-A4-Boxen stehen; je eine für mich und meinen Mann und eine gemeinsame. So können wir Rechnungen, Briefe und andere Kleinigkeiten, die störend im Zimmer liegen, direkt in die passende Box packen.

Beseitigt Schmutz lieber sofort: Ich liebe meinen Akku-Staubsauger, der auch ordentlich Leistung hat. Er ist mehrmals täglich im Einsatz und auch die Kinder können mit ihm schon super umgehen und finden es toll, wenn sie mit ihm saugen dürfen.

Macht regelmäßig ein Speed-Cleaning: Ich finde es super, mit Hilfe einer Stoppuhr gegen die Zeit aufzuräumen. Ich persönlich wirble morgens lieber 15 Minuten wie eine Verrückte durch die Wohnung und trinke dann im Sitzen einen Kaffee und lese ein Magazin, anstatt in Ruhe über eine Stunde verteilt alles aufzuräumen. Denn falls ihr morgens eine Viertelstunde Zeit habt, könnt ihr in dieser schon viel erreichen. Das Prinzip funktioniert abends natürlich genauso gut. Entweder ihr überlegt euch pro Zimmer eine bestimmte Zeit (beispielsweise drei oder fünf Minuten) oder eine entsprechend längere Zeit für die gesamte Wohnung (15 oder 20 Minuten). Was nicht in das besagte Zimmer gehört, sammle ich entweder in einem Wäschekorb oder einer riesigen Tragetasche. Denn wenn ihr mit jedem einzelnen Teil durch die Wohnung lauft und es so an seinen angestammten Platz zurückbringt, verliert ihr insgesamt zu viel Zeit und das Aufräumen dauert natürlich länger. Die besagte Tasche räume ich entweder am Ende oder, wenn keine Zeit mehr ist, einfach bei nächster Gelegenheit aus. Ihr werdet merken, dass es anfangs ziemlich viel ist, aber immer weniger wird, wenn man das »Speed clean«-Programm – wie man dieses Aufräum-System in Amerika nennt – regelmäßig durchzieht. Wichtig ist, dass ihr Putzen und Aufräumen jeweils getrennt betrachtet. Bei dieser Idee geht es wirklich nur ums Aufräumen, geputzt wird beruhigenderweise ein anderes Mal. Mehr Informationen zu Aufräumideen findet ihr im Internet auf Blogs, bei YouTube oder in entsprechenden

Facebook-Gruppen unter den Stichworten »Speed clean« und »Aufräumen mit Stoppuhr«. Berechtigterweise stellt ihr jetzt die Frage: Und das mache ich wirklich immer und regelmäßig nach diesem Prinzip? Natürlich nicht! Das ist bei mir wie beim Essensplan. Es gibt Wochen, da praktiziere ich das regelmäßig und gerne, und es gibt Wochen, da habe ich keine Lust auf so ein straffes Programm. Darauf kommt es aber nicht an. Denn genau diese Freiheit, zu entscheiden, wann ich es so oder so mache, ist die Balance des Lebens. Das bringt Entschleunigung und nimmt mir den Stress, immer perfekt funktionieren zu müssen. Wenn mich das Chaos in der Wohnung nervt, habe ich sofort die richtige Methode an der Hand, wie ich effektiv Ordnung hineinbringe, und das ist der wichtige Punkt bei dieser Sache. Denn sobald ihr die Werkzeuge kennt, mit denen ihr euer Leben möglichst stressfrei nach euren Vorstellungen gestalten könnt, kann euch nichts mehr aus der Ruhe bringen.

Ladet Besuch ein: Denn falls ihr etwas Motivation von außen braucht, damit es in Wohnzimmer und Küche wieder ordentlich aussieht, wirkt das oft Wunder. Und wer möchte schon, dass andere Leute denken, bei einem zuhause sehe es total schlimm aus? Ihr werdet feststellen: Kurz bevor der Besuch eintrifft, werdet ihr zur Höchstform auflaufen und das »Speed-Cleaning« quasi neu erfinden.

Wäsche-Management

Legt eure Wäsche zusammen, anstatt sie zu bügeln: Ich bügle nie. Außer mal vor Familienfeiern. Sonst nicht. Spart unheimlich viel Zeit und Nerven. Ich denke mir immer, es wird später weder auf dem Grabstein stehen: »Sie hat immer gebügelt«, noch: »Sie hat nie gebügelt«. Ruhm und Ehre sind also allein für euch und euer gutes Gefühl. Ich kann euch versichern, dass unsere Kleidung trotzdem nicht zerknittert aussieht, da ich alles ordentlich zusammenlege oder aufhänge.

Beugt dem Socken-Chaos vor: Mit Sockenclips spart man sich die Socken-Sortiererei. Bei Kindersocken passen sie leider noch nicht, aber bei Erwachsenensocken ist es sehr hilfreich.

Räumt mehrere Maschinen gewaschener Kleidung auf einmal weg: Ich kippe immer alles auf eine Seite des Elternbetts und nutze die verbleibende andere Fläche, um die Kleider nach Mama, Papa, Kindern, Handtüchern etc. zu sortieren. Wo es sinnvoll ist, hilft auch ein eigener Stapel pro Kleidungsart, zum Beispiel bei Unterhosen und T-Shirts mit langem Arm. Am liebsten mache ich das sogar, wenn die Kinder auch zuhause sind. Sie dürfen mir dabei gerne Gesellschaft leisten und wir unterhalten uns dabei oder ich lese ein Buch vor – lasst euch eines mit gut lesbarem Text bringen. Ab und zu helfen sie auch dabei, die Wäsche in den Schrank zu räumen. Da meine Kinder noch im Kindergartenalter sind, passiert das praktischerweise auf freiwilliger Basis.

Küche ohne Chaos

Erspart euch den Stress am Morgen: den Frühstückstisch, soweit es geht, schon abends decken.

Nutzt Küchenhelfer: zum Geburtstag und zu Weihnachten Geld wünschen, um sich praktische Helferlein zu kaufen (Küchenmaschine, Thermomix, Standmixer – was euer Herz begehrt). Damit spart ihr beim Kochen und Backen unheimlich viel Zeit. Diese Wunsch-Empfehlung soll zumindest dann gelten, wenn ihr sonst keine persönlichen Herzenswünsche habt. Denn die gehen natürlich vor!

Bindet eure Kinder mit ein: Babys können in der Wippe oder im Hochstuhl beim Kochen zuschauen, größere Kinder beim Schnippeln mithelfen. So muss nicht alles in den 30 Minuten vorbereitet werden, wenn gerade alle Kinder beschäftigt sind oder das Baby den heiligen Mittagsschlaf hält – mehr dazu im Unterkapitel »Essen und Kinder – ein Thema für sich« (S. 14).

Wenn es nichts zu schnippeln gibt, legt den Kindern trotzdem einen Apfel zum Zerkleinern hin. Meistens essen sie auch etwas davon. Schon hat man auf praktische Weise ein paar Vitamine an das Kind gebracht und selber freie Bahn beim Kochen.

Kleinen Kindern eine Schublade mit Schüsseln, Deckeln, Kochlöffeln und weiterem Krimskrams einrichten. Diese können sie nach Herzenslust ausräumen. Wenn ihr das Kinder-Geschirr in gut erreichbare Schränke stellt, können die Kleinen nicht nur damit spielen, sondern schon früh helfen, den Tisch zu decken. Genauso könnt ihr das Besteck in untere Schubladen räumen, wenn die Kinder etwas älter sind. Dadurch haben es unsere Großen schon mit zwei und vier Jahren allein zum Tisch gebracht, bevor wir gegessen haben. Der Vorteil ist, dass es ihnen in diesem Alter oft noch Spaß macht. Nutzt das also aus, damit sie sich an die Routine des Tischdeckens gewöhnen.

Säubert Sachen, die fies eintrocknen können, lieber sofort: Die Platte des Hochstuhls, die mit Brei versaut ist, oder der Topf, in dem ein Rest Soße klebt, sind in Sekundenschnelle wieder blitzblank, wenn die Essensreste noch nicht daran festkleben. Dagegen braucht man ewig, wenn die Masse schon angetrocknet ist. Weicht Töpfe, Pfannen und Schüsseln zumindest ein, wenn ihr nicht gleich zum Abspülen kommt. Sieht zwar nicht so schön aus, spart euch aber unheimlich viel Zeit.

Anziehen ohne Stress

Macht euch das Schlafanzug-Anziehen nicht unnötig schwer: Schlafanzug vorm Sandmännchen anziehen und auch vorher Gesicht waschen und Zähne putzen. Nach dem Fernsehen ist der Kreislauf unten und Diskussionen sind unausweichlich.

Erspart euch die Qual der Wahl am Morgen: Kleider für morgens schon am Vorabend herauslegen. Gilt für die Kinder und die Erwachsenen gleichermaßen.

Habt immer Ersatzkleidung parat: Wickeltasche und Ersatzkleider, die man beispielsweise im Auto oder Kindergarten deponiert, immer gleich wieder auffüllen, wenn man etwas benutzt hat.

Meine weiteren Kleidertipps ziehen sich durchs gesamte Buch, daher fallen sie hier etwas knapper aus.

Entspannte Mahlzeiten

Planung: Essenspläne für die ganze Woche aufstellen und dafür gezielt einkaufen gehen.

Vorkochen: Für zwei Tage vorkochen. An einem Tag beispielsweise so viele Kartoffeln kochen, dass man am Tag danach auch noch genug für eine leckere Portion Bratkartoffeln hat.

Schnell und gesund: Tiefkühlgemüse verwenden, am besten ungewürztes. Denn viele Sorten sind bereits vorgewürzt.

Express-Frühstück: Den Kindern unter der Woche ein schnelles Frühstück anbieten, z. B. Müsli mit Milch oder Brot mit ein bis zwei Standardbelägen – denn selbst aussuchen lassen kostet wertvolle Zeit.

Vorratshaltung: Wenn nach dem Kochen größere Reste beispielsweise von Soßen übrig sind, diese direkt einfrieren. Bitte nicht im Gefrierschrank vergessen. Das passiert mir sehr oft. Lieber nach zwei Wochen auftauen, als nach zwei Jahren ganz hinten wiederfinden.

Ohne viel Zeitaufwand: Einmal pro Woche ein schnelles Essen anbieten, das möglichst allen schmeckt. Das können auch Spaghetti mit Pesto sein. Oder etwas vom Pizzadienst eures Vertrauens.

 Die wichtigsten Gedanken in Kürze

- Es hilft uns Mamas, wenn wir in erster Linie Frieden mit dem Chaos im Zimmer schließen, das durch fast jedes freie Spiel entsteht.
- Freies Spielen macht unsere Kinder besonders clever und kreativ.
- Ich mache beim Aufräumen den Großteil und die Kinder arbeiten nach und nach einzelne, sehr konkrete Aufträge ab.
- Wenn die Kids ein Spiel beenden, wird zuerst aufgeräumt, bevor sie etwas Neues beginnen dürfen.
- Versucht das Chaos irgendwie zu genießen – es ist abgedroschen, aber wahr: Kinder werden so schnell groß.
- Es müssen nicht alle Aufräumregeln täglich befolgt werden. Es ist nur wichtig, sie zu kennen, um sie bei Bedarf fix einsetzen zu können.

... manchmal braucht man Anti-Monster-Spray

Kapitel 2
Das Familien-Miteinander

Meine Erziehungsgrundsätze

Ich bin sehr konsequent und wenn mir etwas wichtig ist, ziehe ich das auch durch. Egal, wie viele Nerven mich das kostet. Das gilt bei mir immer, nicht nur für die Erziehung. Wenn ich anfange, ein Buch zu schreiben, bringe ich das normalerweise gerne zu Ende. Wenn ich anfange, einen Halbmarathon zu laufen, ziehe ich das möglichst durch. Okay, einmal bin ich bei Kilometer 19 zusammengeklappt und durfte eine Runde Rettungswagen fahren, aber die anderen Male hat es geklappt. Ausnahmen bestätigen dabei bekanntlich jede Regel. Was ich sagen will: Ich denke, diese Konsequenz kommt mir auch in der Erziehung zugute, da die Kinder zumeist wissen, woran sie sind. Aber neben der Tatsache, dass auf meine Regeln Verlass ist – wenn man das jetzt mal positiv formulieren möchte –, will ich den Kindern vor allem Liebe und Geborgenheit mit auf den Weg geben. Also liebt und drückt und knutscht eure Kinder auch und besonders dann, wenn sie euch in den Wahnsinn treiben. Nehmt sie ernst, behandelt sie respektvoll und entschuldigt euch bei ihnen, wenn etwas schiefgelaufen ist. Ihr seid eine Familie, ein Miteinander und euch einander das Wichtigste auf der Welt. Ja, ich weiß, es gibt Tage, da streitet man nur, hat zu wenig Geduld für die Kleinen, ist unfair und wortkarg. Aber gerade für diese Situationen möchte ich euch meinen dritten Punkt ans Herz legen: Schließt den Tag wenigstens gut ab und tröstet euch damit, dass beide Seiten am nächsten Tag die Gelegenheit haben, es besser zu machen.

Behandelt einander mit Respekt

Unzählige Male sage ich meinen Kindern, dass sie höflich sein sollen. Ich möchte in vollständigen Sätzen mit »bitte« um etwas gebeten werden. Ein schlichtes »Gib mir …« oder »Ich möchte …« reicht mir nicht. Ich reagiere auch auf kein »Was?«, weil ich lieber ein »Wie bitte?« höre.

Sie sollen mich in höflichen Sätzen fragen und ich lasse sie das auch jedes Mal neu formulieren. Das trichtere ich ihnen immer und immer wieder ein und wie ich weiß, zahlt sich das auch aus. So oft höre ich in meinem Umfeld von Eltern, die sich durch den Alltagstrott oder eine (zu?) große Toleranz im Alltag durch die Gegend scheuchen lassen. Da staune ich nicht schlecht! Umgekehrt erlebe ich aber auch oft Eltern, die ihre Kinder dermaßen unhöflich behandeln, dass ich es kaum glauben kann. Wir sind die Vorbilder für die Kinder! Unser Verhalten verinnerlichen sie und übernehmen es in vielen Fällen auch. Wir sollten uns jeden Tag vornehmen, einander mit Respekt zu behandeln. Für mich ist es selbstverständlich, dass auch ich »bitte« und »danke« sage und meine Anliegen höflich formuliere. Ihr findet es sicher auch schöner, wenn ihr mit einer Freundin sprecht, die höflich zu euch ist. Leider ist der normale Umgangston zwischen Eltern und Kindern im Alltag häufig unbeabsichtigt rau, weil wir einfach zu sehr in unserem täglichen Hamsterrad gefangen sind und uns darum keine Gedanken machen. Dabei ist es gleich so viel schöner, wenn wir nett und höflich miteinander umgehen, oder seht ihr das nicht so?

Entschuldigt euch

Auch Eltern sind nicht unfehlbar und es gibt sicherlich immer wieder Gründe, sich als Mama beim Kind zu entschuldigen. Bei mir ist das oft so, weil ich rückblickend zu sehr geschimpft habe, zu ungeduldig war oder ihnen etwas nicht geglaubt habe. Dann verlangt es in meinen Augen der Respekt, sich zu entschuldigen. Auch und gerade bei Kindern. Ab und zu kann ich auch nicht einlösen, was ich versprochen habe, und dann möchte ich, dass meine Kinder wissen, dass es mir leidtut, und ich erkläre, warum das so ist.

Ich breche mir damit auch keinen Zacken aus der Krone. Sondern ich lebe mit den Kindern zusammen eine Kommunikationskultur, in der Fehler dazugehören und nicht überbewertet werden.

Geht nie im Streit schlafen

Gerade die abendliche Bettgehzeit hat es oft in sich. Die Eltern haben einen langen Tag hinter sich. Der Chef war bei der Arbeit vielleicht besonders anstrengend, die Kinder nachmittags nicht immer folgsam. Das schlaucht. Den Kindern geht es abends meistens nicht besser. Der Tag war kräftezehrend für sie, ständig mussten sie auf Regeln hören, haben sich plattgespielt und sie sind müde. Statt einfach schnellstmöglich ins Bett zu fallen, drehen sie dann erst einmal auf. Oder vielmehr durch! Elterliche Bitten werden ignoriert, sie motzen und schreien, streiten mit Geschwistern und sind positiv formuliert beratungsresistent. Oft sind es gerade diese abendlichen Situationen, die bei mir eskalieren. Ich streiche dann das Sandmännchen oder die Geschichte oder sogar beides. Das ist immer eine unschöne Sache, und zwar für beide Seiten. Als Mama bin ich immer traurig, wenn der Abend dermaßen lief, und immer wieder nehme ich mir vor: Morgen muss das besser werden. Das erfordert noch einmal eine Extraportion Geduld und Durchhaltevermögen, aber mit meiner neuen Einstellung klappt es inzwischen ganz gut.

Ich halte mir in derartigen Situationen jetzt immer vor Augen, dass sie einfach nur todmüde sind und jedes Gespräch eigentlich schon zu viel ist, weil sie nicht mehr aufnahmefähig sind. Trotzdem eskaliert es hin und wieder, aber dieser Gedanke hilft, dass alles einigermaßen im Rahmen bleibt. Meine absolut wichtigste Regel lautet: Egal, wie der Abend lief, spätestens wenn sie im Bett liegen, stelle ich den Frieden wieder her. Ich setze mich zu ihnen, wir sprechen über den Tag und vor allem auch über den Streit am Abend. Wir nehmen uns vor, dass es morgen besser läuft, und ich sage ihnen, dass ich sie lieb habe. Das ist wichtig. Für beide Seiten. Sie brauchen das. Ich brauche das auch. So schließen beide Seiten, sie und ich, den Tag positiv ab, auch wenn die Stunde vorher total ätzend verlief.

Natürlich mache dabei immer und immer wieder ich den ersten Schritt. Ich bin schließlich die Mama, die Erwachsene, die Erziehende. Egal, was euer Kind getan hat oder wie alt es ist – es ist unsere, also auch eure Aufgabe, dafür zu sorgen, dass wir wieder zueinanderfinden, und nicht die Aufgabe eurer Kinder. Mutet ihnen das nicht zu. Gönnt uns allen den Frieden, das Kuscheln, die lieben Worte und unternehmt immer den Anfang, um euer harmonisches Miteinander wiederherzustellen.

Traut euren Kindern etwas zu

Ich bin eher eine von der schnellen Sorte und kümmere mich schon um Sachen, wenn andere noch überlegen, wie sie etwas machen. So etwas ist fatal mit kleinen Kindern! Sie lehren uns Geduld und Langsamkeit. Puh, das ist anstrengend. Ich musste es mir wirklich anerziehen, dass ich um etwas bitte und länger auf die Antwort oder Reaktion warte, als mein Wohlfühltempo das hergibt. Ich staune regelmäßig, wenn die Kinder doch auf mich hören oder etwas umsetzen, wenn ich die Hoffnung eigentlich schon längst aufgegeben hatte. Denn die Reaktionszeit, die wir von Erwachsenen kennen, zählt bei Kindern nicht. Wartet mal 20, 30 Sekunden länger, ob die Kinder nicht vielleicht doch auf euch hören und das Gehirn einfach länger braucht, bis die Information auch verarbeitet wurde. Traut es ihnen zu, dass sie euch zuhören, und lasst ihnen mehr Zeit.

Und traut ihnen auch in einem weiteren Sinn: Unterstützt und bestärkt sie in ihrer Selbständigkeit. Ich liebe den Spruch: »Wenn die Kinder klein sind, gib ihnen Wurzeln, wenn sie groß sind, gib ihnen Flügel.« Google weiß nicht genau, ob es jemand Schlaues in Indien oder China gesagt hat. Ist auch nicht so wichtig. Von mir ist es nicht, aber ich finde den Satz toll. Freiheit ist am schönsten, wenn sie geschenkt wird, und nicht, wenn sie hart erkämpft werden muss. Bietet euren Kindern Hilfe zur Selbsthilfe an. Zeigt und erklärt ihnen, wie die Welt funktioniert. Wenn sie etwas ausprobieren möchten und es nur irgendwie möglich ist, lasst es zu. Wenn sie allein zum Kindergarten laufen oder auf den Spielplatz möchten, wenn sie allein Kartoffeln schälen oder einen Kuchenteig machen möchten – lasst es zu, wenn es einigermaßen machbar ist. Auch wenn ihr Angst habt. Übt vielleicht in kleinen Schritten mit ihnen. Lasst sie zuerst zwei Minuten allein auf dem Spielplatz, dann fünf, dann zehn. Übt jedes Mal die

Regeln, die für den Spielplatzbesuch allein gelten, aber macht es irgendwie möglich.

Schon von klein auf lebe ich mit meinen Söhnen die »Hilfe zur Selbsthilfe«: Wenn der Kleine mit eineinhalb Jahren auf unserer hohen Bank an der Küchentheke saß und mit dem Teller in der Hand absteigen wollte, habe ich ihm alle Schritte einzeln gezeigt: Wie er wo den Teller hinstellen kann, wie er danach absteigen und den Teller selber wieder nehmen kann. Klar hätte der Teller kaputtgehen und er von der Bank fallen können. Klar wäre es schneller gegangen, wenn ich ihn runtergehoben hätte. Aber dadurch lernt er nicht, wie er es allein richtigmachen kann. Es kostet kurzfristig mehr Zeit, sicher auch einige Male, aber es schenkt ihm langfristig so viel mehr, als es mich im dem Moment kostet.

Durch Erklären, Vertrauen und Ermutigen macht ihr eure Kinder stark und bereit für die Welt. Damit gebt ihr ihnen das Selbstbewusstsein, das sie in der heutigen Zeit brauchen. Bremst sie nicht, bemuttert sie nicht zu sehr. Schenkt ihnen Freiheit und sie kommen immer wieder gerne zu euch zurück.

Macht Quatsch zusammen

Mir kommt auch immer wieder der Spruch »Unser Alltag ist ihre Kindheit« in den Sinn, der einem gerade in diversen Internetforen immer wieder begegnet. Und es ist etwas Wahres daran. Wir ziehen unsere Kinder groß, während wir damit beschäftigt sind, die Arbeit möglichst gut zu stemmen, den Haushalt ordentlich zu halten, eine Partnerschaft und Freundschaften zu pflegen, vielleicht noch Familienmitglieder zu unterstützen, fit zu bleiben und alle möglichen zusätzlichen Aufgaben abzuarbeiten. Dazu hat man immer die ein oder andere Extrasorge im Kopf. Kein Wunder, dass es uns manchmal schwerfällt, »Kind« zu sein und den Alltag lustig oder besonders zu machen. Aber hin und wieder passt es einfach. Die Kinder tanzen und ihre Augen werden groß, wenn ich mich dazugeselle und auf einmal ich es bin, die die unmöglichsten und verrücktesten Verrenkungen macht. Oder wir denken uns zusammen Lieder aus mit »unmöglichen« Wörtern wie Pipi, Stinker oder irgendwelchen Quatsch-Geschichten, die wir uns gegenseitig erzählen: zum Beispiel, dass wir am liebsten 25 Kugeln Eis essen oder heute nackt in den Kindergarten gehen, weil es so heiß ist … Da ist die Freude immer groß bei den Kindern! Natürlich mache ich das auch nicht jeden Tag, aber wenn es mir gerade einfällt und es passt, lege ich los und bin auch wieder für eine kurze Zeit vier oder fünf Jahre alt. Ist doch witzig. Zumindest daheim unter uns. Ganz einfach unter uns, denn es muss ja keiner mitbekommen!

Die wichtigsten Gedanken in Kürze

- Unsere Familie ist das Wertvollste, was ich habe, und das möchte ich auch so leben.
- Ungeschriebene Familiengrundsätze halten mir vor Augen, was mir für unser Zusammenleben wichtig ist.
- Dabei spielen gegenseitiger Respekt, Wertschätzung und Höflichkeit eine sehr große Rolle.

Die Sache mit den Strafen – ein heißes Thema

Bei dem Wort »Strafen« geht vielleicht ein Beben durch all jene, die schon bei dem Wort »stille Ecke« Bauchschmerzen bekommen. Aber ich sage euch: Wir haben als Eltern einen Erziehungsauftrag. Wir müssen dafür sorgen, dass Kinder ihre Lehrer, ihre Spielkameraden und Freunde sowie Fremde wertschätzen. Wir müssen dafür sorgen, dass sie Älteren gegenüber hilfsbereit sind, Recht von Unrecht unterscheiden können und diese Welt zu einem besseren Ort machen. Daher finde ich es wichtig, dass sie die Spielregeln kennenlernen. Wenn der eine dem anderen das Gesicht zerkratzt oder mutwillig Spielzeug zerstört oder sich von meiner Hand losreißt und wegläuft, obwohl er genau weiß, dass er das nicht darf, weil ich es vorher in Ruhe oft genug erklärt habe, dann habe ICH den Job, dafür zu sorgen, dass Schwächere beschützt werden oder sich das Kind nicht selbst in Gefahr bringt. Es ist MEIN Job, die Gentlemen der nächsten Generation heranzuziehen, die Respekt kennen, lieben und leben. Falls ihr eine Tochter habt, freut ihr euch später sicherlich, wenn sie einen jungen Mann mit nach Hause bringt, der sich respektvoll benimmt. Und ich freue mich, wenn meine Söhne höfliche Mädchen mit nach Hause bringen, die »bitte« und »danke« sagen und mir die Tür aufhalten, wenn ich beladen bin. So schließt sich der Kreis und öffnen sich Türen.

Ihr seht das alles ganz anders und haltet nichts von Strafen? Kein Thema. Euer Kind, eure Meinung. Dann überspringt die folgenden Seiten einfach und wir lesen uns danach wieder. Jeder soll es so machen, wie er es für richtig hält und es zu den eigenen Familien-Strukturen passt. Nur dann ist es für die Kinder auch authentisch. Die merken das nämlich schnell, wenn wir Eltern eigentlich gar nicht hinter etwas stehen.

Höflichkeit, Freundlichkeit, Respekt und Wertschätzung haben in unserer Familie wie gesagt einen sehr hohen Stellenwert. Nur durch liebe Worte und Erklärungen werden unsere Familienregeln allerdings nicht immer eingehalten. Da es fair und richtig ist, alle Kinder gleich zu behandeln, muss und möchte ich dafür Sorge tragen, dass sich alle an unsere Regeln halten. Dazu gehören Konsequenzen – aber im richtigen Maß; das versteht sich von selbst. Ich spreche nicht von körperlicher Gewalt oder systematischem Liebesentzug, sondern davon, Annehmlichkeiten einzuschränken, damit die Kinder merken, dass ein bestimmtes Verhalten nicht akzeptiert und gefördert wird. Im Gegenzug finde ich es sehr wichtig, dass ich meinem Kind nach einem Streit in Ruhe erkläre, warum ich etwas nicht toleriere und dass es für beide Seiten viel schöner ist, wenn es gar nicht erst zu so einer Situation kommt, in der Konsequenzen notwendig sind. Erklärt euch dem Kind, immer und immer wieder. Kniet euch zu ihm runter, wählt klare, einfache Worte und macht es durchschaubar, warum wann welche Konsequenz folgt. Sprecht mit ihm, warum ihr wann wütend werdet. Erklärt es den Kindern anhand von Beispielen, indem ihr beispielsweise eine andere Perspektive wählt: »Möchtest du, dass dein bester Freund dich anlügt? Nein – und auch ich möchte nicht von dir angelogen werden« oder: »Mach nicht den Turm deines Freundes kaputt – er darf deinen auch nicht kaputtmachen, das würde dich auch sehr ärgern«. Oft hilft ihnen dieses gedankliche Nachspielen zu verstehen, wie es sich anfühlt, wenn sie von anderen so behandelt werden, wie sie das gerade tun. Vielleicht nicht beim ersten Mal, sondern erst nach vielen Malen. Aber welches wichtige Thema in der Erziehung ist denn schon mit einem Gespräch geklärt?

Ich finde es wichtig, in der Erziehung keine Gewalt gegen Kinder anzuwenden, und zwar weder seelisch noch körperlich. Wenn man sie allein in einen dunklen Raum sperrt oder sie durch Liebesentzug bestraft oder ihnen körperlich wehtut, kann das einer Kinderseele so viel Schaden zufügen. Und zwar nicht nur kurzfristig, sondern auch wirklich über lange Zeit. Ich halte mir da gerne ein Zitat von Astrid Lindgren vor Augen:

Man kann in Kinder nichts hineinprügeln,
aber vieles herausstreicheln.

Hier bei uns gab es einmal bewusst einen Klaps auf den Popo. Der Älteste war damals etwa zwei Jahre alt und seit einem halben Jahr großer Bruder. Der Kleine wurde gerade mobil und fing an, ihm Spielsachen wegzunehmen. Das störte meinen Erstgeborenen natürlich gehörig und er wusste sich mit zwei Jahren nicht anders zu helfen, als ihn zu hauen. In seiner kindlichen Ungeschicklichkeit rammte er ihm einen Kochlöffel aus der Spielküche senkrecht auf den Kopf – genau dorthin, wo die Fontanellen sich im ersten Lebensjahr noch schließen müssen. Da habe ich rotgesehen, ihm einen Klaps auf den Popo verpasst und ihn in sein Zimmer gesetzt. Er hat natürlich bitterlich geweint. Die Situation tat mir wahnsinnig leid. Ich wollte damals unbedingt sicherstellen, dass er so erschrickt, dass er den Kleinen nie mehr so verletzt, dass es gesundheitsschädigend sein könnte. Wir haben kurz danach darüber gesprochen – so gut das eben mit einem knapp Zweijährigen geht –, ich habe mich entschuldigt und mir vorgenommen, dass dies nicht mehr passiert. Heute denke ich: Wenn ich sehr laut gerufen, ihn weggerissen und auf die Treppe gesetzt hätte, wäre er darüber sicherlich auch so erschrocken gewesen, dass es kein zweites Mal gegeben hätte. Es hätte also nicht sein müssen und war (m)eine Überreaktion aus der Situation heraus.

Am besten ist es, sich in ruhigen Situationen schon zu überlegen, wie man in brenzligen, gefährlichen Situationen reagieren möchte. Spielt das ruhig ein paar Mal gedanklich durch, damit ihr nicht so sehr von euren Gefühlen überrollt werdet, wenn es eskalieren sollte. Ich nehme das betroffene Kind meistens erst einmal aus der Situation heraus, setze es an die Seite/auf die Treppe/ins Zimmer, gehe kurz weg, um mich zu beruhigen, und kläre nach einer kurzen Durchschnaufpause alles. Mit einem klaren Kopf treffe ich da die besseren Entscheidungen als im Affekt. Da die Großen inzwischen älter sind, schicke ich sie im Fall der Fälle aktiv aus dem Zimmer und trage sie nur weg, wenn sie sich weigern. Ich setze dann konsequent durch, dass sie nicht zu uns kommen, sondern wegbleiben müssen. Es schmerzt sie, aus unserem Rudel ausgegrenzt zu sein. Die Zeit, in der sie wegbleiben müssen, verlängere ich dabei von Mal zu Mal.

Es gab leider noch ein zweites Mal, fiel mir während des Schreibens auf. Es war bei meinem Mittleren, er war damals zweieinhalb Jahre alt und machte abends in unserem Wohnwagen Theater beim Einschlafen. Das Baby schlief schon, das war ihm aber egal und er schrie lauthals durch die Gegend. Der Große war hundemüde, aber auch darauf nahm er keine Rücksicht und warf sich mehrmals mit voller Kraft auf ihn, um ihn zu ärgern. Wir hatten gefühlt schon alle Drohungen und Konsequenzen durch: Kein süßes Frühstück am kommenden Morgen, seine Brüder sind nicht mehr seine Freunde, er darf seinen Kuschelhasen nicht haben beim Einschlafen, wir können ihn nicht mehr mit in Urlaub nehmen, er bekommt keine Geschichte vorgelesen und so weiter. Nichts interessierte ihn. In meiner Verzweiflung sagte ich: »Soll ich dir einen Klaps auf den Popo geben? Das mache ich, wenn du nicht aufhörst.« Er lachte nur überdreht und rief, dass er einen wolle.

Nachdem ich noch einmal gedroht hatte, dass ich das wirklich tue, wenn er sich noch einmal auf den Großen wirft, passierte es: Er lachte, nahm Schwung und warf sich unter Geschrei und mit voller Kraft auf seinen großen Bruder. Also gab ich ihm den angekündigten Klaps. Er war nicht stark und letztlich hatte er auch keine Wirkung auf sein Verhalten. Das zeigte mir aber deutlich, was für ein Quatsch es ist, so einen Schritt überhaupt anzudrohen, geschweige denn auszuführen. So was habe ich nie mehr gemacht. Gelöst haben wir die Situation damals nur dadurch, dass der Große auf der anderen Seite des Wohnwagens beim Baby schlafen durfte und einer von uns Erwachsenen als Wachhund neben dem Mittleren saß. Dabei mussten wir ihn komplett ignorieren, weil er sonst direkt wieder aufdrehte. Er war nach den langen Tagen am Strand einfach übermüdet und hatte keine Möglichkeit, einzuschlafen, ohne vorher durchzudrehen, weil er total reizüberflutet war. Da halfen auch keine Geschichten und keine Kuschelangebote. Ein schwieriges Alter. Aber zum Glück geht alles vorbei. Es wäre nur für alle schöner gewesen, wenn wir diese Idee schon vor dem Klaps gehabt hätten. Zumal sich das Drama die Abende vorher schon angekündigt hatte. Denn es lief ähnlich ab – auch wenn noch nicht ganz so intensiv. Hätte ich da schon kurz überlegt, wie ich reagieren kann, wenn es weiter eskaliert, hätten wir sofort den Plan B parat gehabt.

Wenn meine Kinder irgendwo zu Besuch sind, finde ich es im Übrigen richtig, dass für sie dort die Regeln gelten, die ihre Freunde haben. Es mag dort strenger zugehen oder lockerer, das ist egal. Es ist in meinen Augen absolut richtig, wenn sie genau gleich behandelt werden wie die anderen anwesenden Kinder, und ich ermutige daher die Eltern in meinem Umfeld, meine Jungs genauso zur Rechenschaft zu ziehen wie ihre eigenen Kinder. Wenn sie überdrehen oder andere hauen, ist es nur richtig, dass auch in einem anderen Haus mit ihnen geschimpft wird. Praktischerweise benehmen sich Besuchskinder aber oft besser als zuhause; das habt ihr sicherlich auch schon festgestellt.

Wie machst du das mit den Strafen?

Es gibt natürlich die verschiedensten Arten von Konsequenzen und jede Mama und jeder Papa weiß für sich am besten, was für die eigene Familie funktioniert. Wir kündigen eine Konsequenz immer vorher an (»Noch einmal XY und du bekommst keinen Nachtisch …«), denn wir finden es wichtig, dass keine Konsequenz aus heiterem Himmel kommt. Ich habe eigentlich ein weiches Herz und lasse wirklich viel durchgehen, aber irgendwann ist auch gut und ich lasse mir nicht auf der Nase rumtanzen. Ich möchte, dass mich meine Kinder auch später ernst nehmen, wenn sie 8, 12 oder 16 Jahre alt sind, und ich glaube nicht, dass diese Entwicklung bei jedem Kind nur durch gutes Zureden und vernünftige Gespräche vonstattengeht. In jungen Jahren legen wir die Basis für das Verhalten der kommenden Jahre. Nicht umsonst gibt es den Spruch »Was Hänschen nicht lernt, lernt Hans nimmermehr«.

Generell finde ich es wichtig, dass die Konsequenzen möglichst unmittelbar folgen und nicht zu weit vom Stein des Anstoßes entfernt liegen. Es ist für alle Seiten undankbar, wenn man das Thema später noch einmal aufwärmen muss. Gerade kleine Kinder können Auslöser und Strafe dann nicht mehr wirklich miteinander in Verbindung bringen, wenn es zu lange zurückliegt.

Zudem ergibt es Sinn, dass die Konsequenzen mit der Art des Konflikts in Verbindung stehen. Macht euer Kind zum Beispiel viel

Quatsch beim Essen, liegt es nahe, den Nachtisch zu streichen. Benehmen sich die Kleinen beim abendlichen Umziehen oder Zähneputzen nicht, könnte das Sandmännchen gestrichen werden. Das ist logisch und nachvollziehbar, weil der Grund und die Konsequenz nah beieinanderliegen.

Für uns als Eltern war es anfangs gar nicht so einfach, Konsequenzen zu finden, die in unseren Augen Sinn ergaben und uns zu der Situation zu passen schienen. Daher habe ich euch hier ein paar der Konsequenzen zusammengetragen, die bei uns immer mal wieder eingesetzt werden. Klar ist, dass nicht alles von dem zu euch passt. Das soll es auch gar nicht. Diese Liste soll lediglich zeigen, welche Konsequenzen wir innerhalb unserer Familie anwenden und euch Impulse liefern, falls ihr welche braucht. Wenn ihr tiefer in dieses Thema eintauchen möchtet, empfehle ich euch in jedem Fall die Bücher von Jesper Juul, einem dänischen Familientherapeuten. Hier nun aber die Liste:

Das abendliche TV-Programm streichen: Unsere zwei Ältesten bekommen ab und an das abendliche Sandmännchen gestrichen. Das ärgert das eine Kind natürlich besonders, wenn das andere trotzdem schauen darf. Für mich ist es oft eine gute Gelegenheit, mich mit dem Kind zu unterhalten, das nicht schauen darf. Das ist sogar eigentlich ganz schön. Nichtsdestotrotz ärgert es sich natürlich immens, wenn der Bruder schauen darf und es selbst nicht. Dieser Protest wird natürlich lautstark geäußert – aber das muss man aushalten können und als Eltern von kleinen Kindern sollten wir es eigentlich gewohnt sein und versuchen, das nicht zu sehr an uns ranzulassen.

Süßigkeiten und den Nachtisch streichen: funktioniert bei uns auch gut, gerade wenn beim Essen trotz mehrfacher Bitten nicht auf uns gehört wird.

Ausflüge erfinden, um sie streichen zu können: Zum Beispiel: »Eigentlich wollte ich jetzt noch ein Eis holen/zum Bäcker/auf den Spielplatz/zur Oma/… mit dir, aber wenn du dich so benimmst, geht das nicht.« Wenn ihr es wie wir vorher ankündigt, müsst ihr den Ausflug natürlich auch unternehmen, wenn sich das Verhalten wider Erwarten bessert. Überlegt euch also gut, was ihr sagt. Diese Strategie verliert an Glaubwürdigkeit, wenn man sie zu oft anwendet.

Ausflüge tatsächlich streichen: Das ist nur schade, wenn man dann bei Sonnenschein zuhause sitzt und nicht in den Zoo gehen kann, weil man es dem Kind (und somit auch sich selbst) gestrichen hat.

Geschwister bevorzugen: »Okay, dann bekommt eben nur dein großer Bruder Gummibärchen, wenn du nicht aufhörst, die Bücher durch das Zimmer zu werfen.«

Lieblingsspielzeug für Zeitraum X streichen: Meistens spielen sie ja mit einem Teil besonders gerne. Das ist dann eben weg für einen oder mehrere Tage. Alternativ Spielsachen für einen bestimmten Zeitraum dem Bruder oder der Schwester überlassen. Das trifft die Kleinen meist sehr. Bietet sich natürlich an, wenn andere mit diesem Spielzeug vorher geärgert wurden oder es sowieso nur durch die Gegend geworfen wurde.

Auszeiten verteilen: Ich setze meine entweder auf die unterste Treppenstufe im Flur oder in ihr Zimmer oder einfach generell an die Seite. Das hängt immer davon ab, wo wir gerade alle sind. Natürlich ohne Spielsachen. Je nachdem, wie sich das Verhalten entwickelt, verlängere ich die Auszeit von Mal zu Mal. Das kündige ich auch offen an.

Verabredungen mit Freunden absagen: Das musste ich zum Glück bisher nur androhen und noch nicht umsetzen. Es würde meinen Vierjährigen schon sehr treffen, wenn ich tatsächlich die andere Mama anriefe und absagte. Aber wenn es sein müsste, würde ich es durchziehen. Es gibt ja schließlich noch viele Gelegenheiten für Verabredungen, und Strafen nur androhen, aber nicht verhängen, das geht nicht. Wie sollen die Kinder uns Mamas da sonst ernst nehmen?

Schnuller oder Lieblingskuscheltier für einen Zeitraum wegnehmen: (Uiuiui, das ist fies, da blutet das Mama-Herz.) Kam bei uns zweimal vor und jeweils für nicht allzu lange Zeit. Einmal musste einer der Jungs ohne seinen Kuschelhasen einschlafen, nachdem er seinen Bruder mehrmals gebissen hatte. Das tat mir wirklich wahnsinnig leid, aber es hat geholfen und er tat es nicht wieder.

Die Situation umdrehen und ein Belohnungssystem einführen: Drei grüne Kreuze ergeben zum Beispiel ein Eis oder einen kleinen Ausflug oder etwas, das man vorher zusammen abgesprochen hat. Dazwischen ein rotes Kreuz macht die grüne Welle jedoch wieder kaputt und das Kind muss die drei grünen Kreuze aufs Neue sammeln. Ist auch einen Versuch wert, wenn es im Kindergarten Probleme gab oder wenn man einen positiven Anreiz sucht, dass die Kinder auf Toilette gehen oder allein Schuhe anziehen sollen oder man ein anderes Verhalten bestärken möchte. Je älter die Kinder werden, umso komplexer kann dieses Belohnungssystem sein. So können Schulkinder über den Tag hinweg Punkte sammeln, wenn sie im Haushalt ihre Aufgaben erledigen oder wenn sie die Hausaufgaben selbstständig packen, dafür abends vielleicht für eine Weile ins Internet gehen. Es geht bei diesem System vor allem darum, das eigene Verhalten durch das System sichtbar festzuhalten. So wird der Anreiz geweckt, das gesteckte Ziel zu erreichen.

Wenn euch ein Belohnungssystem zu kompliziert ist und ihr trotzdem gerne etwas Positives anbieten wollt – wie wäre es mit einer geheimnisvollen Krimskrams-Kiste? Wir Mamas bekommen in der Apotheke oder anderen Läden oft Kleinigkeiten geschenkt, die in diese Kiste wandern könnten. Oder ihr packt Badezusätze, ein paar Süßigkeiten, Aufkleber und andere nette Überbleibsel hinein, die ihr durch Zufall irgendwo günstig findet oder sogar zuhause habt. Wenn das Kind sich gut verhalten hat, darf es darin wühlen und sich etwas aussuchen. Ärzte haben so etwas oft und meine Jungs sind davon immer total begeistert. Auch wenn der Inhalt nichts Dolles ist, macht der Zauber der Kiste es wieder wett. Damit könnt ihr ein bestimmtes Verhalten belohnen, wie z. B. wenn sie allein einschlafen, ohne Windel schlafen oder sich an eine Absprache gehalten haben.

Mein Mann lobt im Urlaub gerne seine Surfkette als Preis für gutes Verhalten aus. Das ist eine Lederkette mit einem kleinen Surfbrett als Anhänger. Papas Kette ist höchst beliebt und die beiden Großen sind richtig scharf darauf, sie zu tragen. Das klappt natürlich auch zuhause und sicher auch mit anderen Gegenständen. Vielleicht mit einer

Mütze, bei Mädchen mit Mamas Schal oder Kette (sie sollte nur nicht allzu wertvoll sein, falls sie kaputtgeht) oder einem besonderen Teller, der während einer Mahlzeit benutzt werden darf.

Die wichtigsten Gedanken in Kürze

- Familien-Regeln sind dazu da, respektiert zu werden. Strafen machen es möglich, dass sie für alle gleichermaßen gelten und die Kinder lernen, dass ihr Verhalten Konsequenzen hat.
- Wertschätzung und Respekt sind unglaublich wichtig – in beide Richtungen.
- Erklärungen haben bei uns eine große Priorität, damit die Kinder verstehen und nachvollziehen können, was gerade vor sich geht.
- Als Alternative zu Strafen können verschiedene Belohnungssysteme eingeführt werden.

Verbotenes Terrain?
Fluchen, Stampfen, Abreagieren

Wenn wir Mamas auf dem Spielplatz zusammenstehen und unsere Kinder im Auge behalten, besprechen wir natürlich immer so einiges. »Ist dein Sohn zurzeit auch so aggressiv?«, fragen wir uns da zum Beispiel und hoffen dabei auf Trost oder Rat. Oder: »Ach Mensch, meine Tochter teilt überhaupt nicht mit anderen. Ist das bei euch auch so?« Und: »Also meiner flucht zurzeit so schlimm. Ich weiß gar nicht, wo er das herhat.« Ich habe mir zu den Themen, die wir bei unseren »Spielplatz-Gesprächstherapien« regelmäßig besprechen, ein paar tiefergehende Gedanken gemacht.

Wie können deine Kinder Dampf ablassen?

Sicher kennt ihr diese Situationen auch zur Genüge: Die Kinder flippen komplett aus, weil man den Fernseher nach zehn Minuten ausschaltet, kein zweites Eis erlaubt oder ihnen eine bestimmte Spielsache wegnimmt. Innerhalb einer Sekunde schlägt die Stimmung komplett um, sie fauchen, kreischen, hauen nach mir oder auch anderen anwesenden Kindern.

Daher finde ich es hier extrem wichtig, dass ihr den Kindern alternative Ideen an die Hand gebt, wie sie Zorn und Frust abbauen können. Dazu zählt beispielsweise, fest aufzustampfen, laut zu schimpfen oder ins Zimmer zu gehen und dort alles rauszuschreien. Denn Frust rauslassen darf und muss sein, aber eben in der richtigen Form und an der richtigen Stelle. Meistens sind sie in dieser Sekunde einfach so von ihrem Zorn überwältigt, dass diese Energie sofort irgendwie rausmuss. Ich ermutige sie daher, wirklich fest und mit Kraft aufzustampfen, wenn sie sich ärgern. Ich mache ihnen das vor und mache mit. Ich sage, dass ich es verstehe und dass diese Gefühle rausmüssen. Oder sie können auch in ihr Zimmer gehen und dort richtig laut schreien. Oft klappt es mit der Beruhigung der jeweiligen Situation besser, wenn der erste Ärger erst einmal raus ist. Es wird leichter, wenn sie älter werden und feststellen, dass diese Strategien helfen oder – noch besser – man lieber miteinander sprechen sollte, statt Dinge körperlich zu klären. Bei dem Großen hat das ab fünf Jahren ziemlich gut geklappt.

Diese Strategien sind Gold wert, müssen aber auch wirklich ständig trainiert werden, bis die Kinder in der Lage sind, sie in kritischen Situationen abzurufen.

Wie handhabst du das mit Schimpfwörtern?

Eigentlich ist das bei uns keine große Sache. Wenn die Kinder schlimme Wörter vom Kindergarten heimbringen, die sie unbedingt laut sagen müssen, dürfen sie das jederzeit allein in ihren Zimmern. So laut und sooft sie das mögen. Denn ich verstehe, dass neue spannende Wörter manchmal einfach gesagt werden müssen. Da merkt man richtig, wie es ihnen unter der Zunge juckt, lauthals »Arschloch« oder »scheiße« zu sagen. Ich selber möchte das nicht hören und diese Wörter haben in unserem Familien-Umgangston auch nichts zu suchen. Das erkläre ich ihnen genau so und dann dürfen sie, wie gesagt, allein in den Kinderzimmern nach Herzenslust alles rauslassen, was sie sagen möchten.

Bisher hat das gut geklappt und sie haben so noch nie Bedarf gehabt, Schimpfwörter in normale Gespräche einzubinden. Ab und zu sagen sie natürlich im Streit etwas nicht so Schönes untereinander, aber das gehört dazu und das empfinde ich nicht als wirklich dramatisch. Ich sage dann kurz, dass ich so etwas nicht hören möchte, dann ist es aber auch geklärt.

Die wichtigsten Gedanken in Kürze

- Ich biete den Kindern immer ein Ventil an, um Dampf abzulassen, wenn sie sich sehr ärgern.
- Wenn der erste Ärger rausgelassen wurde, klappt es oft besser, einen Streit zu schlichten.
- Schlimme Schimpfwörter dürfen die Kinder jederzeit sagen, aber nur allein in ihren Zimmern.

Müssen deine Kinder teilen?

Ich bin nun schon öfter über Blogeinträge oder Kommentare zu der Frage gestoßen, ob ein Kind auf dem Spielplatz oder wenn Besuchskinder kommen, seine Spielsachen teilen sollte. Es gibt einige Mamas, die finden, dass ihre Kinder niemals Spielsachen teilen müssen. Lasst euch gesagt sein, liebe Mütter, die so denken: Das ist meistens ein Luxusproblem von Mamas mit Einzelkindern im Alter von ein bis drei Jahren. Spätestens, wenn euer Kind in den Kindergarten oder einen Verein geht, muss es sich an die Regeln dort anpassen und die eigenen (auch Mama-)Interessen stehen hinter den Gruppenregeln zurück.

Und auch sobald ihr zwei kleine Kinder habt, ist alles anders. Da schaut man, wie man Spiel-Streit-Stress am unkompliziertesten beseitigen kann, und meistens ist das in der Art, dass Kind 1 Spielzeug A bekommt und Kind 2 Spielzeug B. Egal, wem nun was gehört. Hauptsache, die Kleinen sind zufrieden und die Streiterei hört auf. Und genau so läuft es auf dem Spielplatz. Das klappt auch oft ganz gut unter den Kindern, dass sie sich allein einigen, und wenn nicht, kann ich als Mama ja etwas unterstützend eingreifen. Hat ein Kind gar keine Spielsachen dabei und möchte etwas von unseren abhaben, ist das in Ordnung, wenn in dem Moment nicht alles bespielt wird, sondern etwas frei herumliegt. Anders ist es natürlich, wenn gerade alle Teile wirklich aktiv bespielt werden. Dann frage ich mein Kind, ob es etwas hergeben könnte, das gerade nicht so wichtig ist. Möchte es das nicht, ist es okay, da ja auch alles im Spiel eingebunden ist. Natürlich achte ich darauf, dass am Ende nicht Eimer, Förmchen, Bagger und Rechen bei anderen Kindern sind und mein Sohn nur noch eine Schaufel hat. Ein vernünftiges Verhältnis setze ich als selbstverständlich voraus. Besonders wertvolle, unersetzbare Spielsachen brauchen nicht geteilt zu werden, ich spreche hier von 08/15-Krams, der ersetzbar ist.

Aber wie läuft es zuhause? Ich persönlich möchte zu keiner Familie eingeladen werden, deren Kinder Spielzeug nicht teilen wollen, nur weil sie keine Lust dazu haben. Denn die Kinder, die ein Heimspiel haben, wollen nämlich oft überhaupt nicht teilen. Und sie sind vielleicht auch die Ersten, die laut schreien, wenn sie irgendwo zu Besuch sind und das Gastkind nicht teilen möchte. Denn so ist es: Mal teilt mein Kind seine Spielsachen und mal kommt es in den Genuss, mit den viel interessanteren und schöneren Spielsachen seiner Freunde zu spielen. Sachen, die man nicht selbst hat, sind nämlich prinzipiell toller! Ab etwa drei Jahren reden Kinder noch dazu darüber, wer nun was benutzen darf. Wenn sie mit Reden nicht weiterkommen, hauen sie auch mal gerne oder schubsen oder ziehen an den Haaren. Auch dann greift wieder die Strategie, dass wir Mamas diese Situation häufig mithilfe der in der Nähe liegenden Spielsachen schlichten. Egal, wem eigentlich was gehört.

Diese Mamas, deren Kinder nicht teilen müssen, vergleichen es oft damit, dass zu uns ja auch niemand nach Hause kommt und im Kleiderschrank wühlt und unser Handy benutzt und dann wieder geht. Das würde uns ja auch verstören. Natürlich würde es das, aber das ist in meinen Augen auch ein Vergleich, der stark hinkt. Denn kein Kind braucht bei mir seine Kleidung oder seine Zahnbürste zu teilen. Es gibt einen großen Unterschied zwischen persönlichen Sachen und ersetzbarem Spielzeug. In meinen Augen schwächt das nicht den eigenen Charakter, wenn ein Kind dies frühzeitig lernt, sondern formt ihn. Es lernt, dass das Leben aus Geben und Nehmen besteht. Dass man nett zu anderen sein sollte und diese Freundlichkeit hoffentlich erwidert wird. Es lernt, dass man mit Anstand weiterkommt, und es lernt zu verstehen, dass es nicht allen so gut geht wie einem selbst. Und dass wir andere stets so behandeln sollten, wie auch wir behandelt werden möchten. Das nennt man Sozialkompetenz und ich habe den Wunsch, dass unsere Kinder später über diese Gabe verfügen und offen auf andere zugehen und deren Bedürfnisse im Hinterkopf haben. Ich möchte meine Kinder gerne von Anfang an in dieser Richtung prägen und keine egozentrischen Wesen heranziehen, die materielle Bedürfnisse über Sozialkompetenz stellen.

Aber in einem muss ich zustimmen: Es gibt natürlich, wie erwähnt, auch bei uns Dinge, die nicht geteilt werden müssen. Dazu gehören zum Beispiel das Lieblingskuscheltier sowie Spielsachen, die brandneu sind – die zum Beispiel an diesem Tag zum Geburtstag geschenkt wurden –, oder Spielsachen von sehr hohem Wert, die somit kaum ersetzbar wären.

Allerdings bin ich darauf bedacht, dass wir gerade die schwer ersetzbaren Spielsachen vorher aus dem Blickfeld schaffen, damit der Besuch erst gar nicht in Versuchung kommt. Das klappt natürlich nicht immer, schließlich bin ich nur eine Normalo-Mama und keine Maschine. Aber dann werfe ich die Sachen einfach in dem Moment, in dem es zum Streit kommt, schnell ins Elternschlafzimmer und das Thema ist wieder erledigt.

Natürlich erkläre ich sowohl den Besuchskindern als auch unseren Kindern gefühlte hundert Mal pro Nachmittag, dass mit unseren Spielsachen nur während des Besuchs gespielt wird und selbstverständlich nichts mit nach Hause genommen wird. Das finde ich wichtig, denn es nimmt die in diesem Alter existenzielle Angst, dass der Spielkamerad später die Sachen einpackt, die er in diesem Moment noch so friedlich bespielt. Diese Sorge nehme ich ernst und betone sie auch gerne immer und immer wieder.

Wir haben zuhause einige weitere Regeln, die uns im Alltag helfen:

- Was nicht aktiv bespielt wird oder nicht in einer Landschaft (Playmobil beispielsweise) aufgebaut ist, kann ungefragt genommen werden. Auch wenn es vor fünf Minuten noch ein anderer hatte.
- Wer auf die Toilette geht oder mir kurz etwas hilft, verliert sein Spielzeug nicht. Die gerade begehrten Spielsachen sind quasi vorübergehend geschützt.
- Abgesehen von ganz neuen Spielsachen, die ein Kind gerade geschenkt bekommen hat, wird alles geteilt. Die Spielsachen sind mal beim einen, mal beim anderen im Kinderzimmer und jeder darf etwas an sich nehmen, was er gerade haben möchte. Natürlich nur, sofern es frei ist.
- Unsere Regeln gelten für alle gleichermaßen, auch für Nachbarskinder oder wenn Kindergartenfreunde zu Besuch sind.

Die wichtigsten Gedanken in Kürze

- Es gibt einen neuen Trend, dass Kinder – auf dem Spielplatz oder selbst bei nach Hause eingeladenen Kindern – ihre Spielsachen nicht zu teilen brauchen.
- In meinen Augen stärkt Teilen den Charakter und schwächt ihn nicht. Wir fördern damit die Sozialkompetenz der Kinder.
- Ausnahmen sind Lieblingskuscheltiere, ganz neue Geschenke oder sehr schwer ersetzbare Spielsachen – da braucht mein Kind nicht mit anderen zu teilen.

Dürfen ältere Geschwister mehr?

Diese Frage ist bei uns der Grund dafür, dass es regelmäßig Streit und Quengeleien gibt ... »Oh Mann, warum darf der große Bruder allein auf dem Spielplatz bleiben und ich als der Jüngere muss schon rein? Warum darf er auch allein zum Kindergarten laufen und abends manchmal länger aufbleiben? Warum darf er sogar zum Schwimmkurs? Aber ätschibätsch, lieber großer Bruder, ICH habe dafür die Einladung zu diesem besonders tollen Kindergeburtstag und nicht duuuuhuuuu.«

So geht es bei uns fast jeden Tag zu. Denn die beiden Älteren mit ihren drei und fünf Jahren sind nicht nur lebensfroh, eloquent und aktiv. Sie sind auch dickköpfig, egoistisch und haben ständig Angst, selbst zu kurz zu kommen.

Für mich ist es ein wichtiger und richtiger Grundsatz, dass nicht immer alle Regeln und Aktivitäten für alle Jungs gleich gelten können, auch wenn der Altersabstand bei den beiden Großen mit 19 Monaten eher gering ist. Langfristig geht das sowieso nicht, dass wir Eltern alle Kinder immer gleich behandeln können – auch wenn wir das am Anfang vielleicht so vorhaben. Aber in der Kindererziehung gehen Theorie und Praxis leider häufiger auseinander.

Nun gut, das mit der absoluten Gerechtigkeit könnte ich vielleicht noch hinbekommen, wenn es um die Themen Spielplatz oder Bettgehzeit geht. Aber spätestens bei den verschiedenen Kursangeboten oder Einladungen zu Kindergeburtstagen komme ich in der Realität an. Und die bedeutet: Mal hat das eine Kind mehr Spaß und den tolleren Tag, mal das andere. Das klingt gemein, entspricht aber der Wahrheit und diese lernen auch die Kinder kennen. Wichtig ist natürlich, dass im Großen und Ganzen alles ausgewogen zugeht und nicht immer einer zu kurz kommt. Das muss sich schon die Balance halten. Es geht nicht, dass immer nur das eine Kind schöne Kurse belegt oder mehr erlaubt bekommt oder Freunde besuchen kann, wenn das andere das auch möchte und zumindest für altersentsprechende Aktivitäten alt genug wäre. Denn wenn ein Kind immer nur zurückstecken muss und die Geschwister immer die viel tolleren Sachen machen, ist das natürlich nicht schön und dieses bittere Gefühl sollten wir ihnen ersparen.

Tendenziell ist es so, dass die großen Kinder auf den ersten Blick etwas bevorzugt werden: Sie dürfen vielleicht länger allein raus, besuchen die interessanteren Kurse und sind nachmittags öfter mit Freunden verabredet. Ich erkläre meinen Jungs aber immer, dass mehr Freiheit auch mit mehr Verpflichtungen einhergeht. Unsere Erwartungshaltung an den Fünfjährigen ist entsprechend höher. Er zieht sich zum Beispiel allein an, hilft viel mehr beim Zimmeraufräumen mit und ich übertrage ihm regelmäßig kleinere Aufgaben im Haushalt, wie fegen oder etwas aus dem Keller holen.

Geschwistern fällt das natürlich nicht auf, dass ich an die Freiheit auch Verantwortung knüpfe, und es kann schnell Eifersucht entstehen. Daher erkläre ich das den beiden immer und immer wieder. Natürlich gibt es trotzdem Streit und beim Jüngeren auch Tränen, wenn er irgendwo nicht mitmachen darf oder ich ihn beim Spielen früher mit ins Haus zurücknehme. Ich versuche ihn dann mit etwas besonders Tollem abzulenken, damit er nicht so traurig ist. Dann darf er vielleicht viel beim Kochen oder Backen helfen oder ich lese ihm eine schöne Geschichte vor oder er bekommt etwas zu naschen. Daher kommt vielleicht auch das berühmte »Verhätscheln« der Kleinen. Aber wenn ich ihm damit in diesem Moment etwas Kummer nehmen kann, ist das doch vollkommen okay.

Ich weiß noch genau, wie schlimm es für mich war, als ich ein Kind war und mein drei Jahre älterer Bruder plötzlich jeden Abend länger aufbleiben durfte. Es ist wirklich schon ewig her und trotzdem kann ich mich gut daran erinnern, wie wütend und verletzt ich war. Heute kann ich sagen, dass meine Eltern damals eine faire Entscheidung getroffen haben und es richtig war, diese liebevoll, aber konsequent durchzusetzen. Auch wenn sich das für mich damals nicht so angefühlt hat. Gerecht ist eben nicht immer nur die Tatsache, dass jedes Kind genau gleich behandelt wird. Sondern auch, dass wir Mamas allen Umständen Rechnung tragen und auf dieser Basis Entscheidungen treffen. Ich kann euch auch versichern: Ich habe langfristig keinen Schaden davongetragen und schon seit einer geraumen Weile darf ich netterweise dann ins Bett gehen, wann ich es möchte.

Die wichtigsten Gedanken in Kürze

- Gleichberechtigung unter Geschwistern hat Grenzen. Wenn Kinder sehr klein sind, kann man sie noch gleichbehandeln; irgendwann geht das nicht mehr.
- Der Ältere hat oft mehr Freiheiten, diese gehen aber meistens mit mehr Verpflichtungen einher.
- Wichtig ist, den Kindern genau zu erklären, wer warum was darf. Ich sage immer: »Mal hat der eine mehr Spaß, mal der andere. Langfristig geht es euch aber genau gleich gut bei uns.«

Lügst du deine Kinder an?

Eigentlich könnte dieses Unterkapitel auch unter »Anflunkern« laufen. Aber das klingt so harmlos und wo ist die Grenze zwischen Flunkern, einer Notlüge und bewusstem Lügen? Nennen wir das Kind einfach mal beim Namen: Lügst du deine Kinder an? Auf dieses Thema kam ich, als mein Mittlerer seinen Rucksack im Kindergarten vergessen hatte. Oder eigentlich habe ich ihn vergessen, um genau zu sein. Denn sind wir mal ehrlich: Es ist der Job der Mama, darauf zu achten, dass Schuhe, Schal, Mütze und die Winterjacke angezogen werden. Dazu am Wochenplan schauen, was für die laufende Woche noch ansteht, und sich vielleicht in eine Kuchenliste eintragen, weil ein Fest naht. Danach das Übergabegespräch mit der Erzieherin und nicht vergessen, das mobile Baby im Blick zu behalten, das sich freudig krabbelnd davonmachen will. Da ich zwei Kindergartenkinder habe, passiert das Ganze bei mir zweimal, da sie in verschiedenen Gruppen sind. Nun gut, in all diesem Chaos habe ich also vergessen, den Rucksack einzupacken, wie mir der damals dreijährige Mittlere bitterlich weinend vorwarf.

Es war bereits später Nachmittag und wir waren auf dem Spielplatz, als uns der Verlust auffiel. Auch die Nachbarn fünf Häuser weiter konnten hören, dass er damit extrem unzufrieden war. Da ich neben ihm auch ein müdes Baby und einen Vierjährigen dabeihatte, war es keine Option, zum Kindergarten zurückzugehen. Zum einen hatte ich wirklich keine Lust und zum anderen wusste ich, dass es in ein großes Drama ausarten würde. Der Große wollte weiterspielen, das Baby war bereit für den Abendbrei und der Mittlere konnte vor Tränen kaum geradeaus gehen. Wie sollten wir da zusammen zum Kindergarten laufen?

Gut, die Mutti – also ich – improvisiert eben.

Ich zücke das Handy und spiele ein Gespräch mit einer fiktiven Putzfrau, die ich gerade noch so erwischt habe, während sie schon aus dem Kindergarten geht, den sie in zehn Sekunden abschließen wird. Ja, versichert sie mir, sie hat den Rucksack an einen super Platz gelegt und ja, da kann er ganz toll übernachten und der Rucksack freut sich auf diese besondere Übernachtung und alles ist gut. Mit dieser Geschichte und dem Versprechen, dass er als einziges Kind morgen mit seiner großen Schwimmtasche zum Kindergarten gehen darf, waren die Tränen dann innerhalb kürzester Zeit getrocknet. Ein glimpflicher Ausgang für mich als Mama, puh, ich habe wirklich durchgeatmet. In diesem Moment, als ich gerade ziemlich zufrieden mit mir und meinem super Trick war, meinte eine andere Mama leise zu mir, ob ich mein Kind etwa angelogen hätte! Huch. Äh ja. Habe ich. Aber ich hatte dabei nicht einmal ein schlechtes Gewissen.

Hm, ich habe da lange drüber nachgedacht, weil ich mich als sehr ehrliche Person einschätze. Ich werde sogar in der Straßenbahn rot, wenn mir einfällt, dass meine Fahrkarte zuhause liegt – und ich toleriere es auch nicht, wenn mich die Kinder bewusst anlügen. Nun war guter Rat wirklich teuer. Warum tue ich das? Je länger ich darüber nachdachte, umso sicherer war ich mir, dass ich mein Verhalten okay fand und ich eigentlich nicht vorhatte, es zu ändern. Diese Erkenntnis schmerzt mich schon, aber ich finde es in Ordnung, das Kind ab und zu anzulügen. Vielleicht manchmal zum eigenen Schutz, vielleicht auch zum Schutz der anderen. Die ungetrübte Wahrheit tut einfach nicht immer gut und Kinder können manches nicht verstehen. Daher müssen wir ihnen Entscheidungen ab und zu abnehmen. Wenn mein Sohn, der noch nicht lesen kann, um 18 Uhr total müde ist, sage ich ihm auch, dass jetzt schon Zeit ist, ins Bett zu gehen, obwohl er sonst immer gegen 19 Uhr ins Bett geht. Wenn mein Großer von einem Freund geärgert wird, tröste ich ihn: »Das hat er nicht so gemeint; er mag dich doch«, obwohl ich ja gar nicht weiß, ob dieser das nicht vielleicht genau so gemeint hat und er ihn aktuell eigentlich überhaupt nicht mag. Und wenn ein Kind Angst vor Monstern hat, gehe ich auch mit Anti-Monster-Spray auf die Jagd, schaue unter Betten und in die Schränke und versichere ihm, dass kein Monster da ist. Die Wahrheit wäre, dass es keine Monster gibt und er sich so beruhigen soll. Denn wenn ihr euch auferlegt, immer knallhart bei der Wahrheit zu bleiben, muss das in diesem Moment gesagt werden, auch die Sache mit dem Monster. In meinen Augen ist das noch weniger richtig.

Im Übrigen glaube ich, spätestens wenn wir über den Osterhasen, Nikolaus, das Christkind und die Zahnfee sprechen, ist uns allen klar, dass keine Mamas oder Papas behaupten können, ihre Kinder nie anzulügen.

Ich bin mit Sicherheit nicht stolz darauf, wenn ich nicht genau bei der Wahrheit bleibe. Aber ich möchte, dass ich und generell wir Mamas uns nicht schlecht fühlen, wenn wir dies nicht immer tun. Denn wir stehen jeden Tag in vielen Fällen innerhalb von Sekunden vor Situationen, in denen wir intuitiv entscheiden müssen, was das Beste für alle Beteiligten ist. Wir lügen nicht, um einer Strafe zu entgehen oder uns selbst zu schützen, sondern im Sinne der Kinder. Das ist in meinen Augen nicht verwerflich. Wir sind nur Menschen und müssen abwägen, was uns in einer Situation richtig erscheint. Wenn das Wohlergehen meiner Kinder der Grund dafür ist, dass ich nicht komplett bei der Wahrheit bleibe, ist das in Ordnung für mich. Und dazu stehe ich dann natürlich auch.

 Die wichtigsten Gedanken in Kürze

- Im Alltag mit Kindern kommen uns manche Lügen über die Lippen. Sei es, um das Kind zu schützen, oder auch nur, weil man erzählt, dass der Osterhase Geschenke im Garten versteckt hat.
- Genau genommen verträgt sich das Lügen mit keiner Erziehung, in der man genau dieses Verhalten der Kinder nicht gutheißt.
- Jedoch geht es bei unseren Lügen nicht darum, uns selbst zu schützen. Wir stellen das Kindeswohl in den Vordergrund. Damit können wir das Lügen zwar nicht völlig legitimieren, jedoch akzeptieren.

Gibt es »Allein-Zeit« mit dir als Mama?

Diese Frage ist immer wieder ein großes Thema in Runden, in denen Mehrfach-Mamas zu finden sind. Denn ab zwei Kindern ist es immer so, dass man irgendwie allen Kindern gleichzeitig gerecht werden muss. Sprich, man muss ständig irgendwelche Kompromisse suchen, mit denen alle Kinder zumindest halbwegs zufrieden sind, und sich oft sogar parallel mit zwei Kindern unterhalten. Ich finde es daher wichtig, dass jedes Kind auch ab und zu »Allein-Zeit« mit Mama und/ oder Papa hat, in der man einen Moment nur für ein Kind hat und keine Kompromisse eingegangen werden müssen. Da unsere Kinder alle drei noch relativ klein sind, beschränkt sich die »Allein-Zeit« aktuell auf kleine, eher simple Dinge. Mal darf nur einer der Jungs dem Papa im Keller helfen, mal backt nur einer den Kuchen mit der Mama, mal fährt nur einer mit in den Supermarkt zum Einkaufen. An sich sind das kleine Sachen, aber für kleine Kinder, die ihre Eltern meistens teilen müssen, ist das richtig schön. Zu zweit unterhalten wir uns einfach ganz anders miteinander als zu dritt oder in größeren Runden. Das kennen wir ja auch von uns selbst: Wenn wir uns mit nur einer Freundin treffen, sind das meistens tiefgründigere Gespräche und man nimmt sich gegenseitig viel bewusster wahr, als wenn noch eine weitere Freundin dabei wäre.

In anderen befreundeten Familien mit älteren Kindern sind das oft auch richtige Ausflüge: Ein Kind geht mit einem Elternteil ins Kino oder einen Tag wandern oder Ski fahren. Eigentlich ist es auch egal, was man macht: Hauptsache, man hat eine gute Zeit zusammen. Macht euch einfach bewusst, dass kleine Dinge genauso viel zählen wie große. Es ist für alle schöner, jede zweite Woche etwas Kleines zu zweit zu unternehmen, als einmal im Jahr etwas Größeres.

Außerdem versuche ich mindestens einmal täglich bewusst mit jedem Kind Körperkontakt herzustellen. Das kann sein, indem ich es bewusst auf meinen Schoß ziehe, ihm den Rücken massiere, ihm einen dicken Kuss aufdrücke oder mich einfach beim Insbettbringen besonders nah an es herankuschle. Natürlich mache ich das unbewusst sicherlich auch mehrmals täglich. Aber dieser bewusste Körperkontakt ist für mich besonders schön, weil ich selber dieses Gefühl ganz bewusst direkt im Herzen abspeichere und der Tag irgendwie direkt ein bisschen schöner ist. Und ja, da das hier eine sehr ehrliche Angelegenheit ist: Natürlich vergesse ich dieses bewusste Berühren auch öfter. Ich bin nicht perfekt. Aber ich liebe diese Angewohnheit und wann immer ich dran denke, mache ich das genau so. Einfach, weil es schön ist und uns guttut.

 Die wichtigsten Gedanken in Kürze

- Es ist für die Kinder wichtig und schön, ab und zu mit einem Elternteil allein zu sein.
- Der Einkauf im Supermarkt zu zweit reicht, es muss kein großer Ausflug sein.
- Jedes Kind bekommt zudem täglich eine bewusste körperliche Zuwendung von mir.

Kapitel 3
Der Abend mit Kindern

Schlafen deine Kinder allein ein?

An dieser Frage scheiden sich abends oft die Geister. Aber warum eigentlich? Wenn eine Mutter bei ihrem Kind sitzenbleiben möchte, bis es schläft, kann sie das tun. Wenn jemand das nicht mag, ist das auch nicht verkehrt. Es ist absoluter Quatsch, dass man das Kind dann weniger liebt oder eine schlechtere Mutter ist, nur weil man nicht jeden Abend 30 Minuten neben einem Kinderbett sitzen möchte.

Unsere Kinder schlafen allein ein, das ist meinem Mann und mir wichtig. Wenn man drei Kinder hat, geht es logistisch auch gar nicht mehr, dass man bei allen ist. Das heißt ja nicht, dass wir sie abends in ein dunkles Zimmer legen, die Tür schließen und auf Rufe nicht reagieren. Wir haben einige Faktoren, die das Allein-Einschlafen aus unserer Sicht gemütlich machen. Da dies bei allen dreien klappt, kann es so verkehrt nicht sein.

Helligkeit: Jedes unserer Kinder darf bestimmen, wie hell es beim Einschlafen sein soll. Sie haben die Wahl zwischen kleinen helleren Nachttischlampen, einer kleinen gedimmten Lampe in Tierform und einem Projektor, der Sterne an die Zimmerdecke wirft und klassische Musik abspielt. Alternativ können sie entscheiden, ob das Licht im Flur an und wie weit die Zimmertür geöffnet sein soll. Im Sommer können sie noch bestimmen, wie weit der Rollladen unten sein soll. Da ist es draußen noch hell, wenn sie ins Bett gehen, und diese Helligkeit mögen nicht alle Kinder.

CDs hören: Sie dürfen sich zum Einschlafen eine – allerdings nicht zu spannende – CD aussuchen. Hier bieten sich ein Hörspiel oder Musik gut an.

Bücher lesen: Schon ganz früh, mit etwa zwei Jahren, haben wir ihnen angeboten, dass sie allein noch ein Buch anschauen dürfen, wenn wir rausgegangen sind. Das wurde sogar in diesem Alter gerne angenommen. Es hat die Kleinen stolz gemacht, dass wir ihnen dieses Vertrauen schenken und diese Selbstständigkeit zubilligen. Meist machen sie nach dem Lesen das Nachttischlicht allein aus. Wenn nicht, ist es auch egal. Dann machen wir es eben später. Wir schauen sowieso nach einer Zeit noch einmal nach ihnen, legen die Bücher aus dem Bett und bringen das Kind in eine bequeme Schlafposition.

In Rufweite bleiben: Es gibt immer mal wieder Phasen, in denen die Jungs sichergehen wollen, dass wir da sind, und öfter nach einem von uns rufen, wenn sie im Bett liegen. Das kommt beim Zweijährigen noch viel häufiger vor als beim Vierjährigen – er rief in diesem Alter nur sehr selten nach uns, wenn er mal im Bett lag. Er hatte einfach schon das Grundvertrauen, dass wir da sind. Wir hatten das Gefühl, dass er das Alleinsein abends auch genoss. Kein Wunder, er hatte tagsüber ständig Freunde und Geschwister um sich. Für den Mittleren, damals zweijährig, blieben wir dann natürlich in der Nähe und beantworteten die ersten fünf oder zehn Fragen »Bist du noch da?« auch sehr geduldig mit »Ja, natürlich«, und dann erst sagten wir, dass nun aber genug gefragt worden sei und jetzt mal geschlafen werden müsse. Aber dann halten wir uns immer an die nächste Regel:

Laute Geräusche machen: Ich räume an Abenden, an denen ich merke, dass mich eines der Kinder mehr braucht, in der Nähe des Kinderzimmers auf. Dabei bin ich laut und somit gut hörbar, telefoniere oder dusche. Das Badezimmer liegt genau neben den Kinderzimmern. So hören sie mich und wissen, dass alles gut ist, weil Mama in der Nähe ist. Meine Mama hat mir einmal erzählt, dass ich als Kind beim Insbettbringen immer gefragt hätte, ob sie »jetzt noch ein bisschen mit dem Geschirr klappert«. Da sie sich den Abwasch extra immer dafür aufgespart hat, konnte sie die Frage immer bejahen und ich bin zufrieden mit dem Spülgeräusch im Ohr eingeschlafen. So ist es bei meinem Mittleren oft, dass er mich fragt, ob ich nun duschen gehe. Das mache ich natürlich gerne und vielleicht denkt er später auch daran zurück und verbindet damit ein Stück seiner Kindheit.

Ausnahmen: Natürlich gibt es bei uns Ausnahmen. Kein krankes Kind muss allein einschlafen, auch keins, das einen besonders aufregenden Tag hatte. Auch nach einem längeren Urlaub begleiten wir sie die ersten zwei, drei Abende beim Einschlafen, wenn sie es möchten, indem wir uns zu ihnen setzen. Aber irgendwann ist es auch wieder gut und dann nähern wir uns mit den Punkten 1–4 langsam wieder an unsere Routine an.

Eine Freundin von mir spielt mit ihrem knapp Zweijährigen das Bett-geh-Ritual vor dem eigentlichen Insbettgehen mit Kuscheltieren nach. Dann ist das Kind die Mama, die aus dem Zimmer gehen darf, und merkt, dass an sich gar nichts Spannendes passiert, wenn man aus dem Kinderzimmer geht. Das scheint gut zu funktionieren und kann vielleicht auch eine Idee für euch sein?

Nachts kommen uns die Kinder öfter mal besuchen und schlafen dann bei uns im Bett weiter. Sofern wir trotzdem einigermaßen zum Schla-fen kommen und nicht alle fünf Minuten einen Ellenbogen ins Gesicht bekommen, sind sie uns willkommen. Wenn sie zu unruhig schlafen oder das Ehebett schon voll ist, gehe ich auch mit ihnen in ihr Bett und schlafe dort mit ihnen weiter. Das ist so unbequem, dass ich meist nach einer halben Stunde wieder aufwache und dann allein in mein Bett zurückgehe. Oder ich werde geweckt, weil ein anderes Kind mich braucht, und kümmere mich um seine Bedürfnisse. Die Nächte von Mamas mit mehreren kleinen Kindern sind leider nicht immer mit viel Schlaf gesegnet und phasenweise bin ich froh, zwei Stunden am Stück schlafen zu können.

Tja, und nun ... wie soll ich entscheiden?

Letztlich ist es immer die Frage, was einem wichtiger ist: Lässt man die Kinder allein einschlafen und will das aber gar nicht, wird man sich dabei nicht wohlfühlen und diese Unsicherheit unbewusst wei-tergeben. Bleibt man entnervt am Bett sitzen, merken sie das natür-lich auch.

Wenn ihr damit glücklich seid, eure Kinder abends in den Schlaf zu begleiten, und das für alle gut ist, macht es bitte, und das ohne schlechtes Gewissen. Genießt die Zeit und schaltet auf Durchzug, wenn euch andere erzählen, wie wichtig es sei, dass sie lernen, allein einzuschlafen. Das gilt genauso, wenn ihr möchtet, dass die Kinder allein einschlafen. Denn da kommen genauso viele Ratschläge, die einem hiervon abraten, weil die Kinderseele Schaden nehmen könnte. So ein Quatsch. Wenn ihr euren eigenen liebevollen Weg gefunden habt, geht ihn ohne schlechtes Gewissen und in eurem Sinne und dem eurer Kinder.

Ihr fühlt das ganz sicher, wenn die Zeit reif dafür ist, dass das Kind nun allein einschläft. Dann ist der richtige Zeitpunkt gekommen, und ihr könnt das liebevoll, aber konsequent trainieren, damit die Kleinen lernen, fortan allein einzuschlafen. Und wenn ihr einmal entschieden habt, dass sie allein einschlafen sollen, kommt sicher zuerst Protest, weil sie es nicht kennen. Da müsst ihr dann durch. Ihr könnt euch ja erst mal ein paar Tage ans Bett setzen und zum Beispiel im E-Book-Reader etwas lesen, bis sie eingeschlafen sind. Nach ein paar Tagen den Stuhl etwas weiter wegstellen und einen halben Meter vom Bett weg sitzen. Arbeitet euch so immer näher an die Tür heran. Irgendwann schafft ihr es bis zur Türschwelle und dann habt ihr es auch eigentlich schon geschafft. Lest dann einfach noch direkt vor der Tür, aber so, dass ihr nicht gesehen werdet. Mit Sicherheit wird euer Kind öfter nach euch rufen und ihr antwortet auch immer, dass ihr da seid. Wenn ihr das nun in eine etwas lautere Tätigkeit umwandelt (zum Beispiel Wäsche zusammenlegen), hören euch die Kinder und fühlen sich nicht allein.

Wenn eure Kinder noch mit eurer Begleitung einschlafen und ihr das gerne ändern wollt, investiert vorab einige Zeit in folgende Überlegungen: Möchte ich das jetzt wirklich konsequent durchziehen? Wie setzen wir es um? Welche Routine passt zu unserem Familienleben? Was zu unserem Kind? Sicher werden die Kinder zunächst protestieren und die Änderungen nicht alle gut finden. Gebt ihr dann aber auf, lernen die Kleinen, dass sie am längeren Hebel sitzen, wenn sie nur lange genug Theater machen. Das ist ein gegenteiliger Effekt, mit dem ihr euch das Leben langfristig schwerer macht. Denn unsere kleinen Racker sind schlau. Die merken sich das und übertragen es auf andere Bereiche. Mit etwas Pech könnte es dann also auch mehr Protest geben, wenn ihr die Süßigkeiten wegpackt oder das TV-Gerät ausschaltet. Deshalb empfehle ich euch Folgendes:

Lasst halbherzige Versuche lieber ganz bleiben!
Das bringt nichts. Euer Bauch und Herz
müssen es wirklich wollen.

Wenn ihr es wirklich ernsthaft versuchen wollt, überlegt euch zusammen mit eurem Partner eine Strategie. Es ist wichtig, dass ihr beide von so einem Modell überzeugt seid. Sucht euch eine Woche zum Anfangen aus, in der nicht viele Extra-Termine oder Aufregung anstehen, sondern nur schnöder Alltag. Schaut, dass die Kinder abends müde sind, das wird euch die Umgewöhnung immens erleichtern. Versucht, den richtigen Punkt zu finden, denn sind die Kinder übermüdet, wird es leider wieder viel schwerer. Es wird sicher zwei, drei anstrengende Momente geben, in denen ihr euch fragt, ob ihr es durchziehen möchtet. Routinen, die sich über Monate etabliert haben, ändern sich nicht innerhalb weniger Tage. Da ist es wichtig, dass nicht noch ein elterlicher Streit dazwischenkommt, sondern wenigstens die Erwachsenen an einem Strang ziehen. Denkt positiv, schaut nach vorne: Was ist rückblickend schon eine Umstellung von ein paar Wochen, wenn ihr danach langfristig entspanntere Abende mit mehr Zeit für euch habt?

Was tun, wenn das Kind nicht im Bett bleibt?

Auch diesen Fall gibt es natürlich bei uns. Was wir dann tun? Nun ja, wir schicken unser Kind wieder zurück. Setzen uns die ersten Male noch einmal kurz zu ihm, reden mit ihm, küssen es und begeben uns dann wieder in Habachtposition. Bei mir ist das draußen vor der Tür, bei euch vielleicht noch der Stuhl in der Zimmermitte. Das Kind testet einfach, wie weit es gehen kann. Investiert also die Zeit, ihm die Sicherheit zu geben, dass eure Ansagen auch hier gelten. Wenn ihr möchtet, dass euer Kind im Bett bleibt, bringt es immer wieder zurück. Was wäre auch die Alternative? Wollt ihr es abends im Wohnzimmer lassen, bis es von allein ins Bett gehen möchte?

Daher ist für mich auch klar, dass ich das Kind so oft in sein Bett zurückbringe, bis es dort liegen bleibt. Denn da testen die Kinder nun einmal aus, wie weit sie gehen können und wie Mapa oder Papa wohl auf so einen Test reagieren, ebenso wie in vielen anderen Bereichen. Wenn ich nicht möchte, dass das Kind allein über die Straße rennt, muss ich auch dranbleiben und es ihm vielleicht hundertmal oder noch öfter erklären, bis es selbstständig nach links und rechts schaut, bevor es über die Straße geht, und nicht einfach so hinüberrennt.

Klappt es denn wirklich immer?

Naja, sicher an 95 Prozent der Abende schlafen die Kinder allein ein. Sie kennen es ja schon von klein auf so. Aber Ausnahmen gibt es immer und insbesondere die Zeit nach der »Schnullerfee« ist hart. Da fehlt einfach der Beruhigungsnuckel und sie haben keine Alternative, allein ruhig zu werden. Aber klappt es immer reibungslos, wenn man nebendran sitzenbleibt? Bleiben die Kinder dann immer liegen und machen keinen Quatsch? Nein, auch da gibt es Ausnahmen.

Was hast du gemacht, als sie ganz klein waren?

Als unsere Kinder noch Babys waren, hatten sie in ihrem Zimmer immer den besagten Sternen-Projektor in Kombination mit klassischer Musik oder eine Meeresschildkröte, die Wellen an die Decke wirft und dabei ein beruhigendes Wellenrauschen von sich gibt. Das mochten sie immer alle von klein auf und das Allein-Einschlafen war bis auf kürzere Phasen kein großes Thema. Ich habe mich ab einem gewissen Alter, so rund zwei/drei Monate waren sie da wohl alt, abends für lange Zeit ins Schlafzimmer zurückgezogen und dort im Dunkeln gestillt, gekuschelt und die Lichter mit Musik und Projektionen angehabt. Das waren sicher zwei Stunden jeden Abend, manchmal länger. So haben sie die Umgebung und das Ritual schon langsam kennengelernt. Ich war natürlich immer dabei und bin erst aus dem Zimmer gegangen, wenn das Baby selig geträumt hat. Wann genau ich rausgehen konnte, solange das Baby noch nicht ganz eingeschlafen war, hat sich zufällig ergeben, meist war es ein Bauchgefühl. Dafür habe ich auch nicht die klassische Bettgehzeit gewählt, sondern einfach den Zeitpunkt, an dem es für mich gepasst hat. Das war oft gegen 20 oder 21 Uhr. Praktischerweise war dann auch mein Mann meist zuhause und die Großen haben geschlafen, sodass ich auch wirklich lange im Schlafzimmer bleiben konnte.

Ich habe alle drei Kinder je neun Monate gestillt, auch im Bett abends, und wenn sie dabei eingeschlafen sind, war das absolut okay für mich. Später gab es auch eine Zeit lang eine Flasche zum Einschlafen, wenn wir das Gefühl hatten, dass sie das gerade gebraucht haben. Überhaupt ist das eines der Dinge, die ich mit Kindern gelernt habe: Nur weil etwas heute gut ist, heißt das längst nicht, dass es in zwei Tagen oder zwei Wochen auch noch so sein wird. Ich überdenke oft und auch regelmäßig unsere Rituale, Abläufe und Regeln. Welche passen noch zu uns? Gibt es neue Bedürfnisse? Würde irgendetwas besser klappen, wenn ich den Ablauf komplett umstellte oder mit mehr Fantasie oder einer anderen Einstellung heranginge?

Ob wir die Kinder weinen lassen, war übrigens kein Thema für uns. Beim Großen haben wir das in unserer Unwissenheit nach der Lektüre eines bestimmten Buches ein paar Abende ausprobiert, als er knapp ein Jahr alt war. Das waren wohl etwa vier Minuten, sie haben sich aber viel länger angefühlt, das weiß ich noch. Es fiel uns schwer und hat sich nicht richtig angefühlt. Und ganz wichtig: Wir standen noch ganz am Anfang unserer Eltern-Karriere und hatten diese Tipps, die ich euch gegeben habe, nicht zur Hand. Wir haben sie uns erst im Lauf der Zeit angeeignet, in Zusammenarbeit mit unseren Kindern und in Gesprächen mit anderen Eltern. Inzwischen wissen wir, dass das alles viel besser ist, als Babys einfach nur weinen zu lassen! Daher ist es super, dass du von diesen Tipps jetzt durch mein Buch erfährst und hoffentlich gar nicht drüber nachdenken musst, ob die rabiate Methode, die heute weiterhin empfohlen wird, für euch überhaupt infrage kommt.

Noch eine Anmerkung dazu. Schließlich geht es hier ja darum, wie es wirklich ist im Alltag, und nicht um das Leben einer Bilderbuchfamilie, bei der immer alles reibungslos klappt. Bei mehreren Kindern muss man das Baby manchmal ungewollt weinen lassen, wenn es nicht anders geht. Wenn ich dem Großen gerade den Popo abwische oder den Mittleren wickle, muss der Kleine warten, bis ich fertig bin und mir die Hände gewaschen habe. Auch wenn er allein im Bett in seinem Schlafzimmer ist. Das tut mir immer sehr leid und ich rufe immer ganz laut, dass ich da bin und gleich komme. Wobei ich ehrlich gesagt nicht glaube, dass ein schreiendes Baby das hört. Aber was soll ich tun? Ich bin eine Mama mit mehreren Kindern und kann mich nicht teilen. Da hilft es nur, die gerade dringlichere Angelegenheit zu Ende zu bringen und dann zum Baby zu flitzen. Aber bitte ohne allzu viel Stress, soweit das möglich ist. Wie so oft ist es am besten, wenn ihr euch ein dickes Fell zulegt. Schließlich tut ihr für eure Kinder, was ihr nur könnt. Auch wenn mir Situationen wie diese immer sehr nahegehen, glaube ich ehrlich gesagt nicht, dass sie schaden. Nicht umsonst spricht man davon, dass Kinder mit Geschwistern eine höhere Sozialkompetenz haben, als Einzelkinder sie aufweisen. Sie sind es einfach gewohnt, zu warten und nicht immer die erste Geige zu spielen. Das schlechte Gewissen muss in diesem Fall gar nicht sein. Das ist natürlich kein Freibrief dafür, mein Kind bewusst schreien zu lassen. Aber es bringt auch nichts, sich zu stressen und immer nur gehetzt von Punkt A zu B zu rennen. Ich habe mir angewöhnt, erst das Dringendere in Ruhe zu erledigen und mich danach voll und ganz dem Baby zu widmen. Bitte verschont euer Herz und eure Nerven mit unnötigem Stress. Ihr macht einen wunderbaren Job und seid immer für eure Kinder da. Aber ihr habt keine übernatürlichen Kräfte und ab und zu muss ein Kind warten, egal wie alt es ist.

Wie bringst du allein drei Kinder ins Bett?

Wie in vielen Lebensbereichen mit den Kindern habe ich mir als recht strukturierter Mensch erst einmal eine Art Masterplan überlegt, den ich dann regelmäßig an die aktuellen Bedürfnisse meiner Kinder anpasse. Puh, ich weiß selber, wie schlimm sich das anhört, aber ich plane einfach so gerne … Jetzt fragt ihr euch sicher, warum ich mir denn überhaupt einen Plan zurechtlege, wenn ich ihn sowieso wieder ändere. Es ist mit Sicherheit Typ-Sache, aber mir hilft so ein halbwegs durchgeplantes Grundgerüst immer. Auch wenn sich die Variablen ändern, tut es gut, wenn ich im Hinterkopf noch einen »Plan B« habe.

Es ist bei uns zum Beispiel so, dass ich um spätestens 16:30 Uhr mit Kochen anfangen möchte, damit wir gegen 17/17:30 Uhr unser warmes Abendessen einnehmen können. Viel später macht es keinen Sinn, weil die Kinder dann zu müde wären, um noch gut zu essen. Entweder sie sitzen dann kraftlos am Tisch oder streiten und schimpfen über das Essen. Oder auch in munterer Kombination: Sie liegen streitenderweise und motzend auf dem Tisch. Da esse ich lieber früher mit ihnen und wir haben noch ein schönes Miteinander. Wenn ich koche, mache ich das natürlich nie durchgehend. Ich baue zwischendurch nämlich Lego-Männchen zusammen, wickle, muss jemandem auf der Toilette helfen oder einen Streit schlichten. Oder alles davon. Das Meiste davon mit dem Baby auf meinem Arm. Deshalb zieht sich das in die Länge und ich weiß nie so genau, wie lange ich in der Küche wirklich brauche.

Unter der Woche esse ich mit den drei Kindern oft allein zu Abend, da mein Mann später von der Arbeit kommt. Das Essen selbst zieht sich immer in die Länge und ich weiß vorher nie, wie schnell oder langsam sie essen. Ich bin damit gerne spätestens um 18 Uhr fertig. Meistens ist der Kleinste dann auch schon sehr müde, sodass ich ihn direkt »bettfein« mache. Die Großen sind nach dem Essen oft entspannter und finden besser in ein Spiel, wenn sie erst einmal aus der Alltagskleidung rauskommen und die Schlafanzüge anhaben. Das erledige ich also irgendwie parallel zum Baby-Umziehen. Der Fünfjährige zieht sich je nach Tagesform allein um; da muss ich eigentlich nicht helfen. Der fast Dreijährige kommt entweder mit dem Schlafanzug in der Hand zum Wickeltisch oder ich helfe ihm in seinem Zimmer, sobald ich das Baby umgezogen habe. Falls sie duschen, dürfen die Großen zusammen unter die Dusche, während ich am Wickeltisch stehe. Wenn der Kleine umgezogen ist, gehe ich noch einmal zu den Großen und frage, ob sie noch etwas brauchen oder auf die Toilette müssen. Frage, ob ich etwas helfen kann, bevor ich ins Schlafzimmer verschwinde. Als tägliches Ritual versprechen sie mir dann, dass sie leise sind und nicht streiten. Je nach Tagesform klappt das entweder ohne Bestechung oder nur mit »Wenn ihr jetzt lieb seid, solange ich weg bin, dürft ihr danach fernsehen/lese ich euch eine lange Geschichte vor«. Ich muss sagen, das klappt meistens erstaunlich gut.

Als ich noch gestillt habe, habe ich das Baby im dunklen Schlafzimmer in den Schlaf gestillt und dann in sein Bett gelegt. Als das noch länger gedauert hat, habe ich versucht, es erst zu tun, wenn mein Mann zuhause war. Nach einiger Zeit war das aber eine Sache von maximal zehn Minuten. Es hilft natürlich, dass der kleine Mann kein Nachmittagsnickerchen mehr macht, tagsüber generell wenig schläft und so abends immer hundemüde ist … Seit dem Abstillen gebe ich ihm auf meinem Arm die erste Hälfte der Flasche, lege ihn dann in sein Bett und lasse ihn dort weitertrinken. Dabei läuft die Meeres-Schildkröte, die Wellen an die Decke projiziert und Meeresrauschen abspielt. So bin ich nur ein paar Minuten weg und kann mich danach gleich wieder um die beiden Großen kümmern.

Sie dürfen meistens noch ein bisschen spielen und wir räumen zumindest etwas auf. Ich nenne das jetzt eher mal Alibi-Aufräumen. So richtig ordentlich machen wir es nur zweimal pro Woche. Dann putzen sie ihre Zähne, machen ein Vorratspipi und sehen etwa 20 Minuten fern, meistens Sandmännchen sowie die Serie, die direkt davor kommt. Ich nehme die Sendung meist am Vortag auf und spiele sie dann ab, wenn wir sie schauen möchten.

Während die Kinder schauen, räume ich den Tisch ab, beseitige das größte Chaos in der Küche und setze mich dann zu ihnen. Anschließend lese ich ihnen eine Geschichte vor und jeder geht in sein Bett. Ich gehe zuerst zum Mittleren, wir lassen den Tag noch einmal zusammen Revue passieren und ich stelle ihm je nach Wunsch eine CD an. Danach gehe ich zum Vierjährigen, erzähle auch dort vom Tag und stelle ihm auch etwas an, wenn er denn möchte. Ab und zu singe ich auch ein Lied, aber das wird gerade nicht so gewünscht. Der Große darf im Bett dann auch oft noch ein Buch anschauen oder etwas spielen. Wenn ich nach etwa 30 Minuten nach ihm schauen gehe, ist das Licht in der Regel immer schon aus, das klappt super. Klar, wenn sie müde sind – gerade beim Jüngeren, aber auch durchaus beim Älteren – gibt es immer das ein oder andere Drama zwischendurch. Gemotzt wird immer, dass die Fernsehzeit ja viiiel zu kurz war und sie weiter schauen möchten, und es gibt natürlich auch regelmäßig Streit um die Geschichtenauswahl oder weil einer nicht zum Bett laufen möchte und überhaupt könnte man jetzt auch einfach aus Prinzip mal trotzen und schreien. Aber wenn man diese Dramen regelmäßig hat, gehört das irgendwie dazu und ich nehme das nicht wirklich ernst. Es sind kleine Kinder, sie sind todmüde und wir haben alle am meisten davon, wenn ich einfach nicht drauf eingehe und sie so schnell und elegant wie möglich ins Bett bringe.

Lasst euch zu dieser Uhrzeit auf keine Diskussionen ein und besteht auch nicht unbedingt auf allen euren Erziehungsprinzipien. Sie haben häufig wirklich keine Energie mehr für irgendetwas, außer zu motzen. Erklärt es ihnen gerne am nächsten Morgen noch einmal, was euch am Abend vorher gestört hat oder was ihr euch für den nächsten Abend wünscht, aber während dieses abendlichen Dramas bringt das wirklich nichts. Spart euch diese Energie und erspart euch allen diesen Streit; das ist in dieser Situation für alle das Beste.

Die einzelnen Bausteine – wann umziehen, spielen, fernsehen, Buch vorlesen – variiere ich auch gerne mal. Da schaue ich einfach spontan, wie sie drauf sind und was wann Sinn macht. Wenn sie sehr wild sind, lese ich die Geschichte auch gerne früher vor, um sie ein bisschen runterzubringen, und wenn sie nach dem Abendessen in ein Spiel finden, störe ich sie dabei natürlich nicht und fordere nicht, dass sie sich direkt umziehen.

Wenn sie nach dem Abendessen viel streiten oder nicht so gut drauf sind, schicke ich die beiden auch ganz gerne in getrennte Bereiche, damit jeder für sich allein spielt. In unserem Fall sind das meistens die jeweiligen Kinderzimmer. Falls eure Kinder ein gemeinsames Zimmer haben, könnten sie auch abwechselnd im Kinder- und Wohnzimmer spielen. Ich habe die Erfahrung gemacht, dass sie abends oft schlecht drauf sind, weil sie einfach total erschöpft sind von dem ständigen Interagieren tagsüber. Klar, zuerst einmal sind sie mit vielen anderen Kindern im Kindergarten zusammen. Da gibt es schon viele Regeln und regelmäßig Konflikte. Nachmittags treffen sie auch regelmäßig andere Kinder – entweder besuchen uns welche zuhause, wir besuchen jemand anderen oder sie haben einen Sportkurs. Das heißt, erst nach dem Abendessen haben sie zum ersten Mal die Möglichkeit, runterzukommen und sich nicht mit anderen absprechen zu müssen. Allein schaffen sie es aber natürlich nicht, dieses Bedürfnis zu erklären, und wehren sich gegen das ungeliebte Geschwisterkind eben so, wie es ihnen altersgemäß leichter fällt: Sie streiten oder ärgern sich, überdrehen. Wenn ich dann ankündige, dass sie jetzt getrennt spielen müssen, schimpfen sie meistens erst einmal noch mehr und werden richtig böse. Aber in den allermeisten Fällen ist das Thema nach zwei bis drei Minuten erledigt und jeder findet – dann und wann mit etwas Hilfe von mir – in ein eigenes Spiel.

Ich erinnere mich sehr gut an die Zeit, als der Mittlere auf die Welt kam. Da war ich erstmals in der Situation, dass ich abends allein einen Säugling und ein Kleinkind von 19 Monaten ins Bett bringen musste. Das fand ich deutlich härter als die drei jetzt, da die beiden Großen schon älter und vernünftiger sind. Und zumal ich damals gerne den Großen zuerst ins Bett gebracht hätte, weil er sehr lebendig und für Vernunft nur bedingt zugänglich gewesen ist. Aber das Baby war abends immer so müde, dass es nur noch geschrien hat, wenn es nicht rechtzeitig im Bett lag. Jaja, es war damals schon so, dass ich mich von meinen Plänen verabschieden musste. Zwar habe ich die andere Reihenfolge trotzdem ein paar Mal versucht, aber es endete stets damit, dass ich die Gute-Nacht-Lieder am Bett des Großen mehr oder weniger geschrien habe, während das Baby in meinen Armen lautstark brüllte. Tragesystem, Stillen und alle anderen guten Tipps, die mir damals so begegneten, halfen nichts. Der Kleine wollte einfach nur im Bett liegen.

Also stellte ich das Programm um und musste den Großen immer mit ins Schlafzimmer nehmen, wenn ich den Kleinen hinlegen wollte. Kurzum: Es war ein Desaster. Er hüpfte auf dem Bett herum oder schaute mit einer Minilampe Bücher an und plapperte und erzählte dabei so begeistert, dass an Ruhe und Einschlafen nicht zu denken war. Einschlafstillen funktionierte bei diesem Lärmpegel auch nicht. Tja, nun war guter Rat teuer. Ich war mit den Nerven am Ende, wollte alles perfekt machen und beiden Kindern gerecht werden. Aber ich wusste nicht, wie. Also wechselte ich ab. An guten Tagen durfte der Große die Bücher auf einem extra gekauften Stuhl direkt vorm Schlafzimmer anschauen und ich beeilte mich, das Baby wegzulegen, sobald es weggedämmert war, weil mir immer davor graute, dass es durch den Lärm des Großen aufwachen würde. An manchen Tagen stellte ich dem Großen das Sandmännchen an. Das war in meinem Erziehungsplan eigentlich so nicht vorgesehen und war für mich ein großer Schritt, es einzuführen. Aber ich »erlaubte« es mir und dann war es auch okay für mich.

Mit Sicherheit ist das kein besonders einfallsreicher Erziehungstipp, auf den man sonderlich stolz sein könnte. Aber es ist auch nicht so, dass ich mich dafür schäme, wenn ich den Fernseh-Babysitter ab und an für zehn Minuten einsetze. Mein Kind sitzt nicht stundenlang – aus Bequemlichkeit für mich – davor und genau das macht den Unterschied. Kritik in dieser Hinsicht kommt sicher am ehesten von denjenigen, die ständig jemanden zur Unterstützung parat haben und noch nie brenzlige Situationen allein wuppen mussten – von daher nehme ich das nicht ernst. Es geht mir auch nicht darum, einen Erziehungs-Oscar zu gewinnen oder alles perfekt machen zu müssen. Ich habe die Situation damals so gelöst, dass wir drei sie am entspanntesten bewältigten, und nur das zählte. Ich habe meistens nicht mehr als die Sandmännchen-Länge gebraucht (sprich zehn Minuten) und es war absolut in Ordnung für mich, ihn für diesen Zeitraum vor dem iPad zu parken.

In Situationen, in denen eine Überforderung droht, sollte jede Mutter unbedingt in sich hineinhören: Wie möchte ICH das lösen? Was tut uns nun gut? Es geht dabei nicht um gesellschaftliche Normen oder den Rat von Mutter oder Schwiegermutter. Es geht einzig und allein darum, dem Bauchgefühl entsprechend zu handeln – und in Liebe und Fürsorge mit den Kindern verbunden zu sein.

Es gab dann noch eine Zeit, in der der Kleine nach etwa 40 Minuten aufgewacht ist und geschrien hat. Eigentlich wäre ich dann gerne bei ihm geblieben, bis er wieder schläft. Aber auch das war nicht möglich. Manchmal konnte ich ja nicht einmal direkt ins Schlafzimmer rennen, weil ich gerade den Großen gewickelt habe oder mitten im Bettgeh-Ritual des Erstgeborenen steckte, der ja selber noch sehr klein war mit nicht einmal zwei Jahren. Ich habe es an anderer Stelle schon kurz erwähnt, ich habe es mir innerlich dann quasi selbst erlaubt, dass das Baby kurz warten kann, bis ich komme. Ich habe mir nicht unnötig Zeit gelassen, aber ich habe mich selber so weit beruhigt, dass mein Blutdruck einigermaßen normal blieb und ich nicht ständig (ungesund) unter Strom stand. Wenn es dann ging, bin ich bei ihm geblieben, sonst habe ich die Tür offen gelassen, laut gesungen und gesprochen und bin, so oft es ging, hineingegangen. Zum Glück arbeitet die Zeit immer für einen und auch diese Phase des Aufwachens dauerte nicht ewig, so löste sich zumindest dieses Problem ganz von allein.

Beim abendlichen Insbettbringen mehrerer Kinder
geht nichts über Routine.

Wenn ihr abends öfter allein seid, seid ihr irgendwann zwangsläufig routiniert und bekommt ein dickeres Fell. Diese Ruhe und Gelassenheit übertragt ihr, zumindest zu einem gewissen Teil, auch auf eure Kinder, was sich immer positiv auswirkt. Die positive Auswirkung der

Routine kennen wir aus allen Bereichen des Lebens. Immer, wenn man etwas zum ersten Mal oder nur sehr selten macht, hat man großen Respekt vor diesem unbekannten Faktor: Rad fahren, Ski fahren, an einem Wettkampf teilnehmen, eine große Torte backen, eine Feier für viele Leute ausrichten, einen Vortrag halten – die Liste lässt sich beliebig erweitern. Sobald man diese Tätigkeit aber regelmäßig ausführt, sammelt man Erfahrung und Sicherheit. Plötzlich ist es gar nicht mehr so schlimm, Ski zu fahren oder einen Vortrag zu halten. Im Zusammenleben mit Kindern ist es nicht anders.

Ansonsten spielt auch »trial and error« eine große Rolle. Wenn man einige verschiedene Modelle testet, bringt das gleich zwei Vorteile: Zum einen findet man vielleicht etwas, was für alle funktioniert. Zum anderen vergeht dabei Zeit und eventuelle Probleme erledigen sich von allein.

Ein Familienbett wäre für uns nichts gewesen, da der Große erst eine Stunde nach dem Kleinen ins Bett ging und mit Sicherheit alles andere als leise gewesen wäre. Mein Mittlerer, das damalige Baby, wollte abends im Bett auch seine Ruhe und hat es durchaus genossen, allein im dunklen Schlafzimmer zu liegen. Das wundert mich nicht wirklich, da er meistens den ganzen Tag mit seinem größeren Bruder zusammen war und es da selten ruhig wurde …

Und auch beim Thema Familienbett und Insbettbringen gilt: Ihr macht das, wie es für euch passt und sich richtig anfühlt. Andere sollten eure Situation nicht beurteilen, da bei ihnen in der Familie sicherlich andere Voraussetzungen herrschen und jedes Kind andere Bedürfnisse hat. Hört auf euer Bauchgefühl. Wie soll das denn falsch sein, wenn ihr nur das Beste für eure Kinder wollt?

Ab wann haben deine Kinder durchgeschlafen?

Alternativ könnte ich fragen: Wie oft habe ich eigentlich in den letzten fünfeinhalb Jahren durchgeschlafen? Die Wahrheit liest sich eher bitter. Es sind in den letzten Jahren insgesamt knapp 2000 Nächte gewesen, wie wir alle schon intuitiv überschlagen haben, von denen ich vielleicht 40 oder 50 durchgeschlafen habe – das leider selten mehr als zwei Nächte hintereinander. Klar, das lag teilweise an den Schwangerschaften, in denen ich kaum eine Nacht durchgeschlafen habe, weil meine Hormone mir einen Strich durch die Rechnung gemacht haben. Das lag auch an der Stillerei, durch die ich viele Nächte quasi durchmacht habe und nun ja, dann lag es auch noch an meinen größeren Kleinkindern.

Diese Frage, wann die Kinder endlich durchschlafen, ist für uns Mamas so elementar, weil wir müde sind. Weil wir bis zur Geburt gar nicht wussten, wie müde man eigentlich sein kann. Ich nenne es »Mama-müde«. Das ist eine andere Dimension, da es so viel umfassender als »normal-müde« ist. Das ist die Stufe, auf der du einschläfst, während du wickelst.

Mir war früher nicht wirklich klar, dass auch Kleinkinder über ein Jahr nur selten zuverlässig durchschlafen. Es wird natürlich viel besser, wenn sie nachts nicht mehr ganz so viel Aufmerksamkeit brauchen wie in den ersten Lebensmonaten. In guten Nächten werde ich inzwischen tatsächlich gar nicht mehr gebraucht. In weniger guten Nächten träumen die Kinder schlecht, finden ihre Wasserflasche nicht oder wachen auf, weil sie sich nicht allein zudecken können und eiskalt sind. Irgendetwas ist immer. Das Irgendetwas braucht auch nichts Großes zu sein; aber für mich sind es plötzlich nicht mehr neun Stunden Schlaf am Stück, sondern zweimal viereinhalb.

Als die beiden Großen noch klein waren, war zum Beispiel ständig der Schnuller weg. Kennt ihr das? Ich hätte nie gedacht, wie oft so was nachts passieren kann. Unglaublich fand ich die Erkenntnis, wie sehr mein heiliger Schlaf mit diesem kleinen »Nupsi« verbunden ist. Nun gut, das mit dem Schnuller haben wir immerhin so gelöst bekommen, dass wir ihn mit einer dünnen Schnullerkette direkt am Schlafsack befestigt haben. Das trug spürbar zu allerseits besseren Nächten bei und ich kann es wirklich weiterempfehlen. Nur das mit dem Zudecken und den schlechten Träumen löst man nicht mal eben auf die Schnelle durch eine einzelne gute Idee.

Mein ältester Sohn hat mit etwa 13 Monaten zuverlässig durchgeschlafen, allerdings gab es noch lange und regelmäßig die oben genannten Probleme, also dass er etwas nicht fand oder er wirklich eiskalt war, weil er sich nicht allein zudeckte. Auch dicke Schlafanzüge und Socken halfen da nicht. Das wurde erst besser, als er etwa vier Jahre alt wurde und das mit der Decke nachts allein hinbekam. Seither ist mit ihm nur sehr selten etwas; er schläft wirklich die allermeisten Nächte richtig gut durch.

Der Kleinste, eineinhalb Jahre alt, schläft einmal alle zwei Wochen durch – ich vermute ja eher aus Versehen. Wenn er durchschläft, wacht er morgens dafür aber seeeehr früh auf; oft schon gegen 5:30 Uhr und das war's dann mit Schlafen. Hole ich ihn dagegen nachts zu uns, wenn er mich ruft, schläft er morgens bis 6:30 Uhr oder sogar länger. Ich weiß noch nicht so recht, welche Version mir davon lieber ist. Vom Regen in die Traufe oder so ähnlich.

Der Dreijährige schläft generell gut, er schlief mit sechs Monaten das erste Mal durch und seither auch häufig. Er träumt nur nachts manchmal schlecht und ruft dann nach mir. Oft reicht es, wenn ich ihm ein Nachtlicht oder eine leise CD anstelle. Manchmal lege ich mich auch zu ihm und bleibe eine Weile bei ihm liegen, bis er wieder eingeschlafen ist. Da er so tief schläft, gab es öfter mal den ein oder anderen Unfall, als er trocken wurde. Mit zweieinhalb Jahren war das der Fall. Klar ist auch so was natürlich ein Thema: dass wir Mamas mitten in der Nacht oft die Betten frisch beziehen und unseren Kindern neue Schlafanzüge anziehen müssen.

Bei drei kleinen Kindern summiert sich das nicht nur im Wäschekorb, sondern ich schlafe daher auch kaum eine Nacht durch. Das Wissen, dass es immer besser wird, hilft mir aber durchzuhalten. Und wisst ihr was? Inzwischen genieße ich es sogar, dass mich die zwei Kleineren noch brauchen. Ich sehe nämlich beim Fünfjährigen, wie schnell dieses Bedürfnis nach nächtlicher Nähe und intensiven Kuscheleinheiten nachlässt. Das ist etwas ganz Besonderes, für jemanden so wichtig zu sein. Auch wenn es ziemlich anstrengend sein kann: Bewahrt das positiv in eurem Herzen, denn später werdet ihr euch genau an diese Momente sehnsuchtsvoll erinnern.

Und wenn es euch tröstet: An den Schlafmangel gewöhnt man sich tatsächlich. Ich bekomme sogar ab und zu wirklich noch Komplimente, wie gut und strahlend ich aussähe. Vielleicht flunkern mich diese Menschen auch nur sehr höflich an, aber lassen wir das jetzt einfach unter den Tisch fallen und tun so, als ob sie es ernst meinten.

Meine Augenringe gehen immerhin auch nicht bis zum Knie und von daher scheine ich alles ganz gut wegzustecken.

Und was ich kann, könnt ihr sowieso. Also nur Mut, irgendwann packen es alle mit dem Durchschlafen. Bis dahin sitzen wir wenigstens gemeinsam in einem Boot.

Bis zu welchem Alter dürfen deine Kinder nachts ins Ehebett?

Dieses Thema ist so individuell wie eigentlich alles in der Kindererziehung. Da gibt es keine Standard-Anleitung, die man durchliest und bei der alle Eltern Deutschlands denken: Hurra, genau so machen wir das. Wäre irgendwie auch langweilig. Praktisch, aber öde.

Ich liebe immer den Austausch mit anderen Eltern darüber, wie sie bestimmte Themen angehen, denn dabei lerne ich stets viele verschiedene Ideen kennen. Daher weiß ich auch, dass einige Fünfjährige fast jede Nacht bei ihren Eltern im Bett schlafen. Auf der anderen Seite kenne ich Mamas, die es überhaupt nicht mögen, wenn ihre noch viel kleineren Kinder nachts zu ihnen ins Bett kommen. Ich kenne Papas, die konsequent ins Gästezimmer auswandern, wenn ein Kind dazukommt. Und ich kenne Papas, die im Bett bleiben, aber eigentlich kein Auge mehr zubekommen, wenn der Sprössling neben ihnen liegt, die das aber trotzdem genießen und diese nächtliche Nähe auf keinen Fall missen möchten.

Bei uns selber ist es so, dass unsere Jungs, bis sie etwa zweieinhalb Jahre alt waren, nachts immer in unserem Bett willkommen waren. Einfach, weil ich es schön finde, Kindern auch nachts Nähe und Geborgenheit zu geben. Ab diesem Alter habe ich mich nachts eher zu ihnen ins Bett gelegt, wenn sie aufgewacht sind und nicht mehr einschlafen konnten. Zum einen wird es sonst – bei inzwischen drei Kindern – einfach zu voll bei uns, und keiner kommt mehr zum Schlafen, weil man ständig Arme und Beine im Gesicht hat. Zum anderen merke ich auch tagsüber, dass bei unseren Kindern ab diesem Alter der Bedarf nach Nähe und Kuscheleinheiten nicht mehr ganz so groß war. Ihr als Mama habt das beste Bauchgefühl, wann es so weit ist und eure Kleinen groß werden. Oft ist es mit vier, fünf Jahren einfach nur Gewohnheit, wo sie schlafen und ob sie nachts zu euch Eltern rüberwandern.

Aber hey, wenn alle Familienmitglieder damit glücklich sind, dass ihr nachts in einem Bett kuschelt, behaltet es doch genauso bei. Wenn nicht, ist es für euch vielleicht auch eine Alternative, euch eher zu ihnen ins Bett zu legen, wenn sie euch brauchen. So könnt ihr später wieder in eure Schlafzimmer zurückwandern, wenn das Kind tief und fest schläft und euch euer Kopfkissen fehlt.

 Die wichtigsten Gedanken in Kürze

- Ich habe ein ungefähres Zeitgerüst, an dem ich mich abends entlanghangle.
- Über die Reihenfolge der allabendlich zu erledigenden Dinge entscheide ich aber spontan, und zwar so, dass es zu den aktuellen Bedürfnissen aller passt.
- Wenn die Kinder jünger sind, ist das oft etwas härter. Macht es euch nicht unnötig schwer und löst die Situation so, dass alle Beteiligten möglichst entspannt sind.
- Lasst die Kinder so lange in eurem Bett schlafen, wie ihr es für richtig haltet. Erst wenn ihr das selbst nicht mehr möchtet, solltet ihr eine Alternative zu suchen.

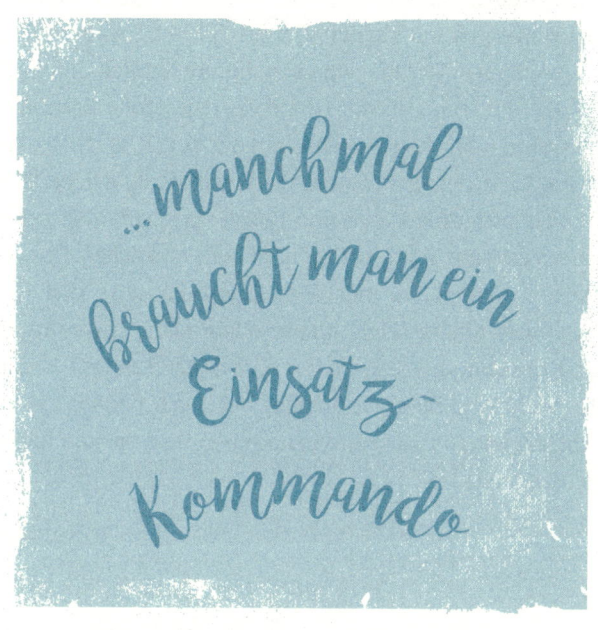

...manchmal braucht man ein Einsatz-Kommando

Kapitel 4
Die alltäglichen Themen

Ich weiß nicht, wie es bei euch zuhause ist. Aber sobald ich sage »Auf, Kinder, zieht euch an. Wir müssen jetzt schnell los« kann ich mir sicher sein: Ab jetzt funktioniert alles nur noch in Zeitlupe. Wenn überhaupt. Anziehen endet mit kleinen Kindern oft mit Theater, vor allem, wenn man es eilig hat. Darum geht es in diesem Kapitel. Und auch um die Trotzphase, die schon oft der Grund für eine große Portion Gummibärchen waren – für mich! Abends auf der Couch, wenn die Kinder im Bett lagen. Außerdem geht es auch um weitere alltägliche Themen, die uns Mamas oft graue Haare und Falten verschaffen. Es sei denn, man hat ein paar gute Tipps parat, die einem in solchen Situationen helfen. Starten werden wir mit dem Thema »Krippe und Kindergarten«, das unser Mama-Leben mehrere Jahre lang bestimmt. Schon allein die Eingewöhnung hatte ich mir damals ganz anders vorgestellt. Und auch später im Kindergartenalltag wäre ich dankbar gewesen, wenn mich mal jemand zur Seite genommen und mir die folgenden Tipps zugeflüstert hätte.

Krippe und Kindergarten: Insider-Tipps!

Es gibt diesen einen Tag, an dem es ernst wird. An dem diese schönen, ungezwungenen Tage mit dem Baby enden. Dann haben wir Mamas nämlich auf einmal ein Krippen- oder Kindergartenkind. Plötzlich sind wir an Routinen gebunden, die wir vorher nicht hatten. Ich selbst fand es anfangs total schwierig, spätestens um 8:30 Uhr mit angezogenem Kind, gepacktem Kindergarten-Rucksack und einer sauberen Bluse aus dem Haus zu gehen. Irgendwie war ich damals auch etwas naiv und ging wohl etwas zu unbefangen an die ganze Sache ran, sodass ich morgens oft ins Straucheln kam. Wie sehr hätte ich mir da gewünscht, dass mir jemand ein paar Insider-Tipps gibt. Daher gebe zumindest ich euch nun mein Wissen der letzten sechs Jahre weiter. Auf einen Blick, ganz bequem zum Nachlesen.

Die Eingewöhnungsphase

Bevor mein Großer in die Krippe kam, hatte ich das verklärte Bild eines Kindes vor Augen, das sich quasi selbst eingewöhnt. Ich dachte, ich könne sicher noch einmal in Ruhe zum Friseur oder vielleicht sogar zur Kosmetikerin gehen, bevor ich dann später wieder arbeiten würde. Im Nachhinein ist es wirklich süß, wie blauäugig ich gewesen bin. Denn das Prinzip der Eingewöhnung ist immer ähnlich: Man verbringt zunächst viel Zeit im Raum mit allen Kindern und nochmals viel mehr Zeit im Flur davor. Ab und zu darf man für eine Stunde nach Hause flitzen oder, wenn man zu weit weg wohnt, in den Supermarkt nebenan. Das Highlight besteht also darin, in Ruhe die aktuellen Wühltische zu durchgraben oder wenigstens mal eben das Haus zu saugen. Dies aber bitte stets mit permanent empfangsbereitem Handy! Mit etwas Glück hat man dann am Ende gerade mal zwei oder drei verbleibende Tage Zeit, um vor dem Arbeitsstart zum Arzt zu gehen oder sich einen kurzen Stadtbummel zu gönnen. Wenn es nicht unbedingt sein muss, lasst das einfach sein. Derartige Vorhaben kann man, auch wenn man arbeitet, irgendwie einschieben. Einen Massagetermin oder längeren Friseurtermin eher nicht. Verlasst euch aber nicht auf freie Tage. Ich kenne viele Mamas, denen dieses Glück nicht vergönnt war, weil die Eingewöhnung länger dauerte als gedacht.

Und hier ein Ratschlag von Mama zu Mama, wenn das Kind während der Eingewöhnung beim Abschied sehr weint: Macht es dem Kind nicht unnötig schwer, indem ihr den Abschied ewig in die Länge zieht. Überlegt euch eine Standard-Verabschiedung. Geht zum Beispiel in die Hocke, wünscht ihm einen schönen Tag. Sagt ihm, dass ihr es sehr lieb habt und später wieder abholen kommt. Dann noch einen Kuss geben und direkt, ohne eine weitere Kommunikation, gehen. Dieser Abschied kann sehr hart sein, ich kenne das selber! Aber: Das Kind lernt, dass diese Sätze den Abschied einläuten, und wird sich damit arrangieren. Es ist weniger schlimm und viel berechenbarer für das Kind, als wenn ihr wieder und wieder mit ihm sprecht und es in den Arm nehmt oder küsst. So schöpft das Kind immer wieder Hoffnung, dass es heute vielleicht doch nicht bleiben muss. Versüßt ihm den Abschied lieber mit einem Fotoalbum mit Bildern der Familienmitglieder, welches es im Kindergarten immer dabei hat, oder einem neuen Kuscheltier, das Mamas Schal – inklusive Geruch – trägt, sowie mit besonders langen, intensiven Kuscheleinheiten und schönen Spielen nach der Krippe.

Der Kindergarten-Alltag

Auch der Kindergarten-Alltag kann herausfordernd sein. Hier ein paar Tipps dafür.

Kleidung: günstig und gebraucht

Im Kindergarten verschwinden gerne Sachen, weil viele kleine Zwerge viele kleine Anziehsachen haben. Das ist ein ähnliches Phänomen wie mit den Socken in der Waschmaschine: Plötzlich sind die Teile weg und keiner wird sie jemals wiedersehen. Aus diesem Grund und weil Kinder viel auf Knien und im Dreck rumrutschen und die Haltbarkeit der Kleidung daher ziemlich begrenzt ist, tun es auch gebrauchte oder sehr günstige Sachen. Eignet euch auch frühzeitig die Fähigkeit an, Löcher in den Knien auszubessern. Gerade ich als Jungs-Mama mache das regelmäßig und so spart man einiges an Geld. Aber auch Mädchen sitzen nicht den ganzen Tag friedlich im Gras und machen teure Marken-Jeans sicherlich genauso schmutzig und kaputt wie günstige Jeans vom Flohmarkt.

Da man das meiste ohnehin gleich doppelt braucht (Matschhosen, Matschjacken, Gummistiefel – je beides für Kindergarten und zu-hause), kaufe ich viele Sachen über eBay-Kleinanzeigen und »Mami-kreisel« oder auf Flohmärkten. Hier bekommt man qualitativ hoch-wertige Sachen für kleines Geld. Die Sachen aus dem Discounter oder von Tchibo sind oft gut, aber nicht immer. Behaltet die Angebote im Blick, und wenn es etwas Tolles gibt, holt es im Zweifel gleich zweimal. Robuste Kleidung bekommt man auch bei Engelbert Strauß – und nein, die bezahlen mich nicht für diese Werbung. Ich empfehle diese Firma gerne aus freien Stücken, weil deren Sachen nicht mal meine Jungs durchgescheuert bekommen und das heißt viel!

Krankheiten

Ja, diese kleinen harmlosen Zettel an der Eingangstür … Die erfahre-nen Mamas kennen und fürchten sie. Darauf stehen dann einzelne Wörter, die es in sich haben und direkt ein mulmiges Gefühl im Bauch verbreiten. Zum Beispiel »Magen-Darm-Grippe« oder »Scharlach« – oder sogar beides. Krankheiten werden im Kindergarten immer per Aushang angekündigt. So weiß man immer, welchen Feind man fürch-ten muss. Manche Mamas behalten ihre Kinder in derartigen Fällen zuhause, wenn sie eine Krankheit auf keinen Fall haben möchten. Das habe ich noch nie getan und bisher haben wir auch nicht jede Epi-demie mitgenommen. Ein Grenzfall wäre für mich beispielsweise, wenn eine Magen-Darm-Erkrankung tatsächlich auf den Großteil des Kindergartens übergriffe. Eine der schlimmsten Wochen meines Le-bens war, als diese Epidemie auf unsere ganze Familie griff. Zuerst übergab sich der Große mehrmals, danach waren mein Mann und der

Jüngste dran. Ich habe das Baby dann wieder voll gestillt, weil es sowieso erst sieben Monate alt war. Als Nächster kam der Mittlere dran und ich habe es nur fünf Stunden nach ihm bekommen. Da ich die ganze Woche damit beschäftigt war, Betten abzuziehen sowie Spuckreste aus Sofaritzen, Schubladen und Bettkanten zu kratzen, und noch dazu plötzlich wieder voll gestillt habe, hat es mich mit voller Wucht erwischt. In diesen Situationen ist es wichtig, auf sich selber acht zu geben, wie ich durch diese Geschichte lernen durfte. Das habe ich seinerzeit gerade nicht getan und beispielsweise auch zu wenig getrunken. Und es kam, wie es kommen musste: Innerhalb kürzester Zeit war ich dehydriert, konnte nicht einmal mehr Wasser bei mir behalten und habe mich dann bei meiner Hausärztin mit einigen Infusionen wieder so weit herstellen lassen müssen, dass es irgendwie ging. Bei der nächsten Magen-Darm-Seuche werde ich die Kinder also eher ein paar Tage zuhause lassen und hoffen, dass so ein Kelch an uns vorübergeht.

Zurück zum Kindergarten und den dortigen netten Zettelchen: Ich empfehle euch auf jeden Fall, immer Handdesinfektionsmittel griffbereit zu haben. Ich desinfiziere meine Hände und die der Kinder immer nach dem Abholen sowie meine auch nach jedem Bringen. Für die ein oder andere mag das übertrieben klingen. Aber die Eingangstür ist nun mal der verlässliche Treffpunkt aller Bakterien und Viren. Dort vereinen sie sich und stecken mit Hilfe eines unscheinbaren Türknaufs jede Menge Mamas und Kinder gruppenübergreifend an. Die meisten Krankheiten sind längst ansteckend, bevor sie ausbrechen, und gerade der Türgriff ist dann das Sammelbecken aller noch nicht ausgebrochenen Krankheiten. Es mag helfen oder nicht, aber ich habe zumindest das Gefühl, irgendetwas vorbeugend zu tun. Und das reicht ja bekanntlich oft schon für ein gutes Grundgefühl aus.

Sind die Kindergartenfreunde unserer Kinder nur verschnupft, realistischerweise durchgehend von Oktober bis März, verabreden wir uns trotzdem. Gegen Rotznasen kann man nichts machen und ich kann mich schlecht den ganzen Winter isolieren. Wir Mamas achten bei den Treffen allerdings darauf, dass die Kids sich in der Zeit dann nicht unbedingt die Trinkbecher teilen.

Leider muss man sich tatsächlich darauf einstellen, dass der erste Kindergarten-Winter für die gesamte Familie recht hart wird. Da bringen die Kinder den Großteil der Krankheiten mit nach Hause und stecken auch munter die anderen Familienmitglieder an.

Die Erzieherinnen

Die Erzieherinnen und Erzieher haben natürlich eine Schlüsselfunktion. Zum einen verbringen sie viel Zeit mit unseren Kindern und fordern und fördern sie täglich. Zum anderen ist dieser Job unheimlich anstrengend und ich habe höchsten Respekt vor dem, was sie täglich leisten. Allein dieser Lärmpegel wäre nichts für meine Ohren. Und wie muss es den Erzieherinnen erst gehen, wenn sie im Winter alle Kinder für draußen anziehen? Ich bin ja schon nassgeschwitzt, wenn meine Dreier-Bande warm eingepackt ist und wir endlich loskönnen. Unsere Erzieherinnen haben nahezu täglich mit Pipi-Unfällen (und größeren Miseren) zu tun, sie behalten zwangsläufig auch schlecht gelaunte Kinder da – wie oft war ich schon froh, sie morgens dort abgeben zu können – und organisieren darüber hinaus tolle Ausflüge und Aktionen, die weit über das Standard-Programm hinausgehen.

Diese Wertschätzung müssen wir auch zeigen. Eben weil dieser Job so unglaublich anstrengend ist und sie es wirklich verdienen. Aber auch, weil es zu einem harmonischen Umfeld führt. Das wiederum kommt unseren Kindern zugute. Ich habe lange im Vertrieb gearbeitet und sehe die Erzieherinnen ein bisschen wie die Sekretärin des Firmenbosses – diese hat im Geheimen nämlich auch unheimlich viel Macht und wird oft unterschätzt. Sie organisiert wahnsinnig viel im Hintergrund und keiner bekommt es so richtig mit. Leute, die sie mögen, bekommen aber auch schneller Termine beim Chef und Leute, die sie nicht mögen, eher nicht. Daher habe ich es mir innerhalb meiner Arbeit immer zum Ziel gemacht, auch den Erzieherinnen meinen Respekt zu zeigen und Kontakt mit ihnen zu pflegen. Dadurch sind mit den Jahren tatsächlich einige private Freundschaften entstanden. Mit den Erzieherinnen verhält es sich ähnlich: Mag man die Mama oder den Papa, steckt man auch die Trotzphasen des Kindes leichter weg und sieht vielleicht sogar über das ein oder andere Problemchen hinweg als bei Familien, die man unsympathisch findet. Ich spreche hier keinem seine berufliche Professionalität ab, aber hey, so etwas ist nur menschlich. Die Friseurin bringt der lieben Stammkundin eher einen Latte Macchiato als einer unfreundlichen Zicke und der Masseur hängt bei einem netten Kunden mit Rückenproblemen auch mal fünf Minuten dran, wenn er Zeit hat, und lässt das gleichermaßen aber tunlichst sein, wenn er nicht respektvoll und höflich behandelt wird. Daher mein Tipp: Nehmt die Erzieherinnen ernst, wertschätzt sie und ihre wichtige Arbeit und macht sie euch zu Freunden. Seht vielleicht auch über die ein oder andere Kleinigkeit hinweg, die ihr anders machen würdet. Wenn ihr zu Ikea oder zur Metro fahrt, fragt, ob ihr etwas mitbringen sollt, und engagiert euch ein bisschen in der Einrichtung. Helft auch mal, ein fremdes Kind anzuziehen, wenn die Erzieherinnen beschäftigt sind.

 Die wichtigsten Gedanken in Kürze

- Die Eingewöhnung dauert oft länger als gedacht, legt euch euren Arbeitsstart also nicht gar zu knapp.
- Zieht die Verabschiedung nicht in die Länge. Überlegt euch ein kurzes Abschieds-Ritual und geht danach immer und konsequent weg, auch wenn das Kind weint.
- Sobald die Kinder im Kindergarten sind, gehen die ganzen Krankheiten los.
- Seht, was die Erzieherinnen alles leisten. Respektiert sie und macht sie euch zu Verbündeten.

Trotzphase – manchmal hilft einfach nur Singen

Ach ja, die Trotzphasen. Meine Freundinnen und ich dachten früher, dass sie schon nicht so schlimm seien und man irgendein Rezept finden werde, das hilft. Aber nicht umsonst stellte eine Bekannte vor einigen Jahren fest:

Ein drittes Kind? Auf keinen Fall.
Einen dritten Säugling nehme ich gerne, aber
die Trotzphasen schaffe ich kein drittes Mal.

Ich verstehe sie inzwischen nur zu gut. Die Trotzphasen kosten unheimlich viel Energie und Nerven. Puh, das Ausmaß kann man sich vorher gar nicht vorstellen. Mein Mittlerer war die ersten zwei Jahre pflegeleicht und ich habe mich schon gefreut, da die Ausraster des Großen wirklich spektakulär waren. Der hat sich zum Beispiel die ganze Hand bis zum Würgen in den Mund gesteckt, wenn er richtig sauer war. Kurz vor dem zweiten Geburtstag ging es dann bei unserem zweiten Sohn mit der ersten großen Trotzphase los. Es gibt nicht umsonst so schöne Sprüche wie »Ich bin zwee, ich sag nee«. Und die Bezeichnung »terrible Twos«, die schon warnt, dass es dieses Alter in sich hat.

Die nächste große Trotzphase ließ dann auch nicht lange auf sich warten und hielt tatsächlich ganze fünf Monate an. Erst dann wurde es wieder besser und mein Mann und ich haben uns sehr gefreut, endlich unser freundliches, gut gelauntes Kind zurückzubekommen. Da können wir uns rückblickend echt auf die Schulter klopfen, wie gut wir durchgehalten haben. Anstrengend war das, ich sag's euch. Aber wow, man darf nicht vergessen, was sich bei diesem kleinen Menschen in diesen Monaten außer der Trotzanfälle noch so getan hat: Er wurde tags und nachts trocken, sprach innerhalb dieser wenigen Monate quasi von heute auf morgen und wuchs um fast zwei Kleidergrößen. Denn oft gehen Trotzphasen mit deutlichen Wachstums- und Entwicklungsschüben einher.

Dieses Wissen hilft mir durchzuhalten, wenn er wieder auf dem Boden liegt und 15 Minuten am Stück brüllt, weil der Teller die falsche Farbe hat oder ich ihm die Wurst gegeben habe, die er wollte – und nein, da habe ich kein »nicht« vergessen. Er wollte tatsächlich eine bestimmte Wurst und ist eines Morgens durchgedreht, als er diese tatsächlich auch bekam, weil er offenbar eine andere meinte. Alle Versuche meines Mannes und auch meine eigenen, ihn zu beruhigen, waren zum Scheitern verurteilt. Keine Untertreibung! Egal, was wir dann anbieten, es ist: falsch. Kuscheln, Hand halten, weggehen, einfach Lösungsvorschläge aller Art – alles macht alles nur schlimmer und die Heulerei wird eher lauter als leiser. Das ist nicht nur bei uns so, ich habe schon von zahlreichen Freundinnen gehört, dass es bei ihren Kindern ähnlich ist. Kann man dann wirklich nichts mehr tun, wenn die Kleinen so austicken? Nein, ich mache inzwischen meist wirklich gar nichts mehr – außer danebenzustehen und manchmal zu singen. Das senkt immerhin meinen Blutdruck und macht das Abwarten ein wenig leichter.

Wenn er sich beruhigt hat, kuschle ich mit ihm und spreche in Ruhe mit ihm über die Situation und frage, was ihn gerade so geärgert hat. Auch wenn man das öfter liest, allzu viel erwarten sollte man von dem Gespräch eher nicht. Wie auch, wenn die Kinder selber nicht wissen, was sie wollen. Aber es hilft in jedem Fall, dass sie lernen, ihre Gefühle zu äußern, und Körperkontakt ist sowieso immer toll. Nach derartigen Anfällen haben beide Seiten das Schmusen bitter nötig.

Tja, und die schlechte Nachricht ist: Ihr könnt davon ausgehen, dass sich die Situation so oder ähnlich noch einmal wiederholen wird, egal, wie lange und wie toll ihr im Nachgang alles besprochen habt.

Da helfen euch nur der Wille, das auszuhalten,
und Geduld, Geduld, Geduld.

Wenn es irgendwie geht, bleibe ich direkt dabei stehen, einfach singend oder je nach Laune auch mal stumm. Aber es gab auch schon öfter den Fall, dass ich ihn nach einiger Zeit zum lauten Weinen woandershin geschickt oder getragen habe. Natürlich bleibt er immer in der Nähe – aber irgendwo gibt es auch Grenzen für meine Ohren und die der Geschwisterkinder. Und wenn keiner in Ruhe frühstücken kann, weil einer 10, 15 Minuten brüllt, bringt das auch keinem etwas. Während wir in der Küche weiter gefrühstückt haben, lag er dann also ab und zu um die Ecke auf der Wohnzimmercouch und hat in Maximal-Lautstärke geheult, gejammert und sich aufgeregt. Schon allein aus der Not heraus habe ich ihn dann ignoriert. Denn Kindergarten-Snackboxen richten sich nun mal nicht von allein. Dazwischen stehen in meiner morgendlichen Routine auch das Wickeln und Stillen oder Füttern des Jüngsten an.

Und was passiert dann manchmal? Nach zehn Minuten lautester Klagerei steht er auf und sagt: »Ich fertig weinet«, kommt zu uns und frühstückt in bester Laune. Da bin ich aber baff! Tja, so kann es auch gehen. Aber – und nun bin ich wieder bei der ungeschönten Wahrheit – in noch viel mehr Fällen hält die schlechte Laune an und keine Strategie der Welt ändert etwas daran. Oft hilft da nur ein anderer Erwachsener, um ihn aus der Trotzspirale zu befreien. Und zwar einfach nur, weil es eine andere Person ist. Aber diese andere Person habe zumindest ich meistens nicht parat, wenn ich sie bräuchte. Und so kommt es, dass ich mich mit der lautesten Heulerei im Ohr durch die anstehende morgendliche oder abendliche Routine arbeite und dabei zahllose Kinderlieder singe, um das alles irgendwie erträglich zu halten. Die Geschwisterkinder freut das meistens – immerhin etwas.

Einmal hatte der Mittlere – damals zweidreiviertel Jahre alt – im Kindergarten mittags kurz geschlafen. Und er hat immer schlechte Laune, wenn er nach dem Essen kurz geschlafen hat. Leider war das in der damaligen Zeit (Übergang von der Krippe zum Kindergarten) oft der Fall und ich war es damals gewohnt, dass wir den Kindergarten mittags als letzte Familie verlassen haben, weil Monsieur zuerst noch schreiend auf dem Boden liegen musste, um sich über alles Mögliche aufzuregen. An diesem Tag war die Laune aber extrem schlecht, uiuiui. Da habe sogar ich geschluckt. Allein wollte er die Schuhe nicht anziehen, ich sollte sie auch nicht anziehen und nein, auch kein anderer sollte sie ihm anziehen. Eine Jacke im November? Auf gar keinen Fall zieht er eine an – und so weiter und so weiter. Draußen ging das Spiel mit dem Laufrad weiter: Nein, Laufrad fährt er nicht. Neeeeein, auf keinen Fall sollte ich es tragen und neeeeeeein, auch nicht auf den Kinderwagen legen und neeeeein, auch nicht per Schloss am Kindergarten befestigen. Er ist mir dann auch noch weggerannt. Daraufhin habe ich ihm direkt Fernsehverbot für abends erteilt, denn so was ist gefährlich und geht einfach gar nicht.

Letztendlich war es so, dass ich ihn über meine Schulter gepackt und 200 Meter getragen habe – er wog damals 19 Kilo! Dazu lag das Laufrad auf dem Kinderwagen und ebendiesen habe ich, zusammen mit meiner Tasche und den Rucksäcken der Kinder, zusätzlich geschoben. Ich denke, dass ich nicht extra zu erwähnen brauche, dass er dabei die ganze Zeit geschrien und gezappelt hat. Immerhin hat der Kleinste im Kinderwagen das Theater gut ertragen. Irgendwie sind wir nach Hause gekommen und ich sage euch, ich war klatschnass geschwitzt und da verging mir auch das Singen. Daheim waren wir alle fix und fertig und ich habe erstmal für alle eine Schale mit Gummibärchen rausgestellt. Da half einfach nichts anderes mehr. Wir haben dann noch einmal in Ruhe drüber gesprochen, aber viel kam nicht dabei heraus. Beim TV-Verbot für abends blieb es, da Weglaufen einfach nicht geht und ich da sehr konsequent bin. Das hatte abends natürlich noch einen kleineren Trotzanfall zur Folge, aber ich hoffe, so merkt er sich, dass er immerhin nicht mehr wegrennt.

Um sich das zweite Drama so lange nach dem eigentlichen Trotzanfall zu ersparen, finde ich es auch besser, wenn das Kind die Konsequenz direkt tragen muss und nicht erst später, wenn eigentlich alles schon wieder gut ist. Das aufzuwärmen, wenn man schon lange wieder Frieden miteinander geschlossen hat, ist für beide Seiten anstrengend. Deshalb werdet da ruhig kreativer als ich und droht nicht mit dem abendlichen Fernsehverbot. Ich war damit selber nicht so glücklich.

Bei einem späteren Trotzanfall habe ich – wie ich finde – besser reagiert. Der Mittlere war dann knapp dreieinhalb Jahre und der Kindergartentag hatte ihn offenbar sehr geschafft. Er konnte kaum aus den Augen schauen, als ich ihn abholte, und es kam, wie es kommen musste: Er drehte beim Abholen durch, wollte wieder nichts anziehen, lag nur auf dem Boden und schleuderte seine Schuhe durch den Flur. Da er dabei ein anderes Kind traf, wollte ich, dass er sich entschuldigte. Dies verweigerte er und ich nahm ihm nach doppelter Androhung seine Gummibärchen weg, die er vormittags geschenkt bekommen hatte und eigentlich daheim hätte essen dürfen. Das machte die Situation natürlich schlimmer und die nächsten 30 Minuten lag er nur weinend und schimpfend auf dem Boden oder versuchte, mich zu hauen. Ich ging darauf gar nicht ein, versuchte es ab und zu damit, dass wir ihn mit einem Feuerwehreinsatz (mehr dazu im Unterkapitel »Was machst du, wenn nichts vorangeht?«, S. 110) anziehen, lockte mit Kuscheln und schönen Worten und drohte, ich würde ohne ihn gehen. Aber im Großen und Ganzen stand ich eigentlich nur dabei und wartete, dass die Zeit vorbeiging. Ab und zu kam eine Erzieherin vorbei oder eine andere Mama erzählte mir, dass es bei ihren Kindern auch schon ganz schlimme Trotzanfälle gegeben habe. Ansonsten hatte ich das Baby auf dem Arm, der Große schaute sich Bücher an und wir warteten darauf, dass sich das laut schreiende Kind beruhigte.

Ich hatte das Glück, dass mein Großer recht geduldig blieb und mit seinen knapp fünf Jahren wirklich sehr lieb wartete. Er bekam später zuhause auch ein großes Lob von mir und als Dankeschön für seine Unterstützung ein großes Buch vorgelesen und wir haben zusammen einige Gummibärchen genascht. Etwas Zucker beruhigt die erhitzten Gemüter doch auch ziemlich gut. Mit dem Mittleren schafften wir es nach 30 Minuten immerhin drei Meter weiter, bis vor die Kindergartentür. Allerdings hatte er weder Jacke noch Schuhe, noch Mütze an. Dort tobte er weiter, nichts half. Je mehr ich mit ihm redete, umso wilder wurde er. Also sagte ich ihm, dass er einfach ohne Schuhe und

Jacke mit uns nach Hause laufen müsse, und marschierte mit dem Kinderwagen, der mit dem Laufrad, Rucksäcken, Schuhen, Jacke und Mütze beladen war, sowie dem Baby auf dem Arm los. Der Große fuhr neben mir her. Nach etwa 30 Metern kippte das Schreien des Mittleren plötzlich und er schrie, dass er sich nun anziehen lasse. Okay, einen Versuch wollte ich ihm geben und ich weiß selber nicht, warum, aber das klappte plötzlich widerstandslos.

Danach schwang er sich, leise vor sich hin jammernd, aufs Laufrad und fuhr bis nach Hause. Daheim aß er etwas, kuschelte sich auf die Couch und schlief gegen 16 Uhr ein und – unglaublicherweise – bis zum nächsten Morgen durch. Der Trotzanfall war also, wie angenommen, durch die Müdigkeit ausgelöst worden und ich war froh, dass ich es dieses Mal geschafft hatte, keine weiteren Strafen für abends oder generell später auszusprechen und dass das Thema nach dem Trotzanfall für beide Seiten auch wirklich erledigt gewesen ist. Was ich gemacht hätte, wenn er sich nicht hätte anziehen lassen? Nun, ich wäre langsam, aber bestimmt nach Hause gelaufen und nehme an, er wäre wütend, brüllend auf Strümpfen und ohne Jacke mitgekommen. Nichtsdestotrotz war ich froh, dass er sich nach 45 Minuten beruhigt hatte und wir relativ entspannt heim konnten.

Was hilft also bei so extremen Trotzanfällen? Wie gesagt: meistens nichts. Nur die Gewissheit, dass es vorbeigeht und die Anfälle mit der Zeit weniger werden und es der Entwicklung dient. Was ich immer anbiete, ist, dass ich zum Kuscheln und Schmusen da bin und ich gehe – wie eigentlich immer in Gesprächen mit meinen Kindern – in die Hocke, damit wir uns auf Augenhöhe begegnen. Probiert das mit der Hocke auch einmal aus, ich finde, da hat man direkt eine gute Verbindung zum Kind! Leider hilft zwar auch das Kuschelangebot auf Augenhöhe oft nicht, wenn die Kleinen tief im »Trotz-Moloch« drinstecken. Trotzdem schafft man damit als Mama eine ganz andere Basis und Atmosphäre. Ansonsten ist natürlich jedes Kind verschieden, aber häufig hilft es auch, den Trotzanfall zu ignorieren, wenn es denn gerade passt. Gut, das ist zuhause natürlich eher möglich als im Supermarkt oder an einer vielbefahrenen Straße. Bei unserem Mittleren half das über längere Zeit sehr gut. Er brauchte offenbar Publikum oder zumindest irgendeine Reaktion unsererseits, um das Drama fortzuführen. In den Fällen, in denen wir nicht reagierten, beruhigte er sich oftmals schneller, als wenn wir versuchten zu deeskalieren und ihm verschiedene Lösungen anboten.

Mir ist das Thema Konsequenz hier auch sehr wichtig, wie generell in meiner Erziehung. Das heißt eben auch, dass ich versuche, zu meinem Wort zu stehen. Positiv wie negativ. Und wenn ich Fernsehverbot androhe oder dass er die Gummibärchen nicht essen darf, ist es für mich konsequentes Verhalten, das auch durchzusetzen. Wenn schon ein kleines Kind versteht, dass es bei mir mit allem irgendwie durchkommt – wie wird das nur, wenn es größer wird? Ich glaube, es sorgt langfristig für ein harmonischeres Miteinander, wenn die Grenzen klar abgesteckt sind und die Kinder wissen, dass sie meinem Wort Gewicht beimessen sollten. Mehr zu den Grenzen, die ich setze, findet ihr im Unterkapitel über »Strafen und Konsequenzen« (S. 52).

 Die wichtigsten Gedanken in Kürze

- Trotzphasen verlaufen häufig parallel zu größeren Entwicklungsphasen – dieses Wissen kann uns helfen, durchzuhalten.
- Oft hilft nichts, weil die Kinder selber nicht wissen, was sie wollen.
- Legt euch ein dickes Fell zu, seid geduldig und versucht es mit Abwarten. Das hilft meistens am besten.

Was machst du, wenn nichts vorangeht?

Diese Situationen kennen wir Mamas nur zu gut: Es geht einfach nichts voran. Egal, ob beim Anziehen, Zähneputzen oder wenn ich das Kind zu mir rufe: Es ignoriert mich, liegt eventuell dekorativ auf dem Boden oder jammert und wehrt sich. Auch wenn wir mit Engelszungen auf den Nachwuchs einreden – nichts tut sich. Da helfen keine Versprechen und keine Drohungen. Das Kind schaltet auf Durchzug und wir verzweifeln. Was mache ich in derartigen Situationen? Meistens hilft bei uns eine der folgenden Strategien:

Ein Wettbewerb mit Mama oder einem kooperativen Geschwisterkind: Wer ist schneller angezogen oder hat zuerst Zähne geputzt oder Schuhe angezogen? Dem Sieger verspreche ich Lob und Ehre. Natürlich muss der Sieger dann auch wirklich gebührend gefeiert werden, damit klar ist, dass sich die Anstrengung lohnt! Das darf dann schon gerne eine offizielle Siegerehrung mit Podest sein (auf Treppe oder Hocker stellen), Siegerarm hochhalten, imaginäre Medaille umlegen etc. Natürlich alles im Schnelldurchlauf, aber das Kind wird es trotzdem lieben und so hoffentlich spätestens beim zweiten Mal Gas geben, um zu gewinnen. Da es in diesen Situationen schnell gehen muss, helfe ich natürlich trotzdem heimlich etwas mit und die sogenannte Siegerehrung ist eine Sache von wenigen Sekunden.

Ein »Einsatz-Kommando« ausrufen: Da ich drei Jungs habe, spielen wir meistens Feuerwehrmann Sam, der zum Einsatz muss. Natürlich kann der kleine Feuerwehrmann erst los zum Löschen, wenn er angezogen ist, die Zähne geputzt sind oder was auch immer gerade ansteht. Ich singe dann – mehr schlecht als recht – die Titelmelodie und rufe Sätze wie »Oh nein, es brennt im Flur. Sind Sie Feuerwehrmann Sam? Sie müssen schnell mit zum Einsatz und löschen. Wir sind alle in großer Gefahr und nur Sie können uns retten«. Dabei ziehe ich das Kind in Blitzgeschwindigkeit an und meistens ist das, was der Junior eben noch partout nicht wollte, in 30 Sekunden erledigt. Da bleibt sogar Zeit, das imaginäre Feuer kurz zu löschen.

Bei Mädchen funktioniert ein Feuerwehreinsatz vielleicht nicht unbedingt. Was unsere Jungs ab und zu auch mögen, ist, wenn wir sie anziehen »wie ein Baby«. Das heißt, wir tragen und behandeln sie wie ein Baby während des Umziehens mit Verhätscheln und Babysprache. Ein Mädchen könnte auch eine Prinzessin sein, die schnell zum Tanzen muss. Oder eine Ballerina, die eine wichtige Aufführung hat. Oder sie ist die dringend erwartete Babysitterin ihrer Kuscheltiere? Der Fantasie sind hier keine Grenzen gesetzt. Oft funktioniert es am besten, wenn man einfach die aktuellen Lieblingsfiguren aus einem Buch oder einer Serie verkörpert und eine Situation daraus nachspielt.

Gerettet hat uns auch schon oft, wenn wir das Lieblingskuscheltier des Kindes haben sprechen lassen und dieses beim Anziehen mithilft und nebenher etwas Lustiges erzählt.

Ansonsten mögen es unsere auch, wenn wir so tun, als ob wir Roboter wären, mechanisch sprechen und uns so bewegen. Am besten kommt übrigens die »Fehlfunktion« an, wenn einfach gar nichts mehr geht. Dann sitzen wir nur da und sagen: »Fehlfunktion. Fehlfunktion. Fehlfunktion«, was immer zu großer Erheiterung führt.

Eine Anziehstraße legen: Manchmal ist bei uns auch die Anziehstraße im Einsatz, wenn es darum geht, dass man die Kinder beim Anziehen motivieren muss. Dazu legt ihr einfach die Kleidungsstücke in der Reihenfolge auf den Boden oder das Bett, in der das Kind sie auch anziehen würde. Also zuerst die Unterhose, dann das Unterhemd und so weiter … Je nach Alter des Kindes könnt ihr beim Anziehen einzelner Kleidungsstücke helfen oder bei älteren Kindern zum Beispiel die Zeit stoppen und diese jeden Tag in eine Liste eintragen. Am Ende der Straße kann in besonders harten Fällen natürlich auch eine Belohnung warten oder ihr tragt ein lachendes Gesicht in eine Belohnungsliste ein und bei fünf lachenden Gesichtern gibt es etwas Besonderes. Ihr könntet zum Beispiel vereinbaren, dass man sich dann sein Lieblingsessen wünschen darf, zusammen einen Kuchen backt, eine kleine Tüte Gummibärchen oder einen leckeren Obstsalat mit dem Lieblingsobst bekommt oder einen Ausflug zum Spielplatz im Nachbarort unternimmt – alles ist möglich. Welche Belohnung passt zu euch und eurem Nachwuchs?

Geschwister miteinbeziehen: Dieser Punkt hilft Einzelkind-Mamas nicht so viel, aber gerade wenn man mehrere Kinder hat, ist das ein Trumpf, der unbedingt ausgespielt werden sollte. Einzelkind-Mamas hingegen könnten für diese Strategie auch Besuchskinder oder Neffen und Nichten miteinbeziehen. Meinen Großen lasse ich dem Mittleren oft etwas erklären, wenn ich das Gefühl habe, dass ich nicht mehr weiterkomme. Zum Beispiel habe ich mir bei dem Versuch, zu erklären, wie man den Penis so zu halten hat, dass weder die Hose nass noch der Badezimmer-Boden überflutet werden, ein halbes Jahr den Mund fusselig geredet. Aber irgendwie kam ich nicht mehr weiter und zugegebenermaßen kenne ich als Frau die optimale Position auch nicht wirklich. Also habe ich den Großen gebeten, seinem Bruder das doch bitte genau zu erklären und auch zu zeigen. Der Drei- und der Vierjährige haben dann also hochinteressante Fachgespräche dazu geführt – ich habe mich kringelig gelacht im Hintergrund – und auf der Toilette die Köpfe zusammengesteckt und das alles ganz genau angeschaut und besprochen. Tja, und was soll ich sagen: Die Arbeitsgruppe Toilettengang unter Jungs war erfolgreich und seither passiert es nur sehr selten, dass die Hose oder der Boden nass werden. Das ist nun natürlich ein Nischen-Beispiel, das man so nur schwer übertragen kann. Aber ich mache das wirklich oft so, in allen möglichen Situationen: »Bitte erklär du deinem Bruder noch einmal, warum es heute nichts Süßes mehr gibt / wir heute pünktlich losmüssen / er nicht auf die Straße rennen darf ...« Manchmal klappt es auch ganz gut, dass der Große dem Mittleren beim Anziehen oder Brotschmieren helfen darf, während mir das verwehrt bleibt. Das hilft zwar nicht immer, aber »immer« klappt sowieso nichts in der Kindererziehung; das wissen wir ja schon. Wie bei jeder guten Strategie ist es auch hier so, dass man sie nicht zu oft anwenden darf. Dann sind die Kinder nämlich eher genervt davon. Setzt so spezielle Strategien daher lieber nur ab und an als Joker ein, dann ist das wirksamer und funktioniert auch langfristig.

Team-Besprechungen: Manchmal kommen die Kinder nicht zu mir, wenn ich sie rufe. Sie haben keine Lust oder möchten ihr Spiel nicht unterbrechen. Das war früher immer sehr ärgerlich für mich. Es war nämlich gar nicht so leicht, die Kinder auf dem Spielplatz einzusammeln, wenn die beiden das gar nicht wollten und ich auch noch ein Baby hatte, um das ich mich kümmern musste. Daher habe ich mir Gedanken gemacht, was für mich denn interessant wäre, wenn meine Mama mich riefe und ich aber gar keine Lust hätte, zu kommen. So bin ich auf die Team-Besprechungen gekommen. So wie manche Sportler in einer Auszeit zusammenkommen, im Kreis stehen und die Hände aufeinanderlegen, machen wir das jetzt auch. Am Ende der Besprechung stoßen wir einen wilden Kampfesschrei aus – für die Kinder die wahrscheinlich beste Sache daran! Ich rufe nun also immer, wenn es gerade passt, eine Team-Besprechung aus. Die Kinder kommen gerannt, wir legen die Hände aufeinander und stecken verschwörerisch die Köpfe zusammen. Dann besprechen wir zum Beispiel, dass wir nach dem Sandspielzeuge-Aufräumen nach Hause fahren oder was wir zuhause zusammen kochen. Wenn mein Team keine Fragen mehr hat, rufen wir laut »Hurra!« und wirbeln unsere Arme durch die Luft. Die Kinder lieben diesen Ausbruch aus der langweiligen Alltags-Routine mit zumal noch langweiligeren Ansagen und oft funktionieren auch ungeliebte Sachen danach ziemlich gut.

Diese Besprechungen gehen natürlich nicht nur mit mehreren Kindern, sondern auch in den Kombinationen Kind-Mama-Papa oder mit allen anderen, die gerade da sind, und für die es irgendwie passt, miteinbezogen zu werden.

🐻 Die wichtigsten Gedanken in Kürze
- Wettbewerbssituationen schaffen: Wer ist zuerst angezogen?
- Die Kinder mit Fantasie-Geschichten dazu bringen, sich anzuziehen.
- Eine Anziehstraße im Zimmer auslegen.
- Geschwisterkinder beim Erklären und Zeigen mit einbinden.
- Team-Besprechungen einführen.

Die Kinder finden nicht ins Spiel – was tust du?

Es gibt viele Tage, an denen ich fast verzweifle, weil die Kinder in kein Spiel finden. Sie hängen dann ständig bei mir und jammern: »Uns ist so laaangweilig …« Das ist natürlich meistens an Regentagen der Fall, wenn man nicht so wirklich rausgehen kann. Manchmal habe ich an derartigen Tagen Lust, mit ihnen eine besondere Aktion zu starten, und wir machen zusammen Salzteig oder kneten oder basteln etwas Schönes. Manchmal will ich aber auch etwas im Haushalt erledigen oder habe schlichtweg keine Lust, mit ihnen zu spielen. Schließlich haben sie in unserem Fall ihren Spielkameraden sogar direkt mit im Haus und da sehe ich es nicht ein, immer als Animateurin herhalten zu müssen. Den Fernseher einzuschalten ist keine Alternative für mich. Daher hilft es nur, die Kinder dabei zu unterstützen, ein Spiel zu beginnen. Hier sind meine Top Ten der Dinge, die ich anbiete, wenn die Kinder vor Langeweile jammern und ich keine Lust habe, das 45. Kastanienmännchen zu bauen oder diverse Gesellschaftsspiele mit ihnen zu spielen:

Die richtige Umgebung schaffen: Investiert zehn Minuten und beginnt, etwas mit ihnen zu spielen. Baut eine große Schienenlandschaft für ihren Zug auf oder ein tolles Lego-Duplo-Haus. Es kann natürlich auch eine Puppenstube sein oder ein Kuscheltier-Stuhlkreis, um Kindergarten zu spielen. Die Hauptsache ist, dass ihr ihnen das Set einer Geschichte gebt. Fangt an, die Figuren erzählen zu lassen, und in den meisten Fällen übernehmen die Kinder dann dankbar das Ruder und ihr könnt euch zurückziehen.

Das Spielzeug in Szene setzen: Wir haben im Wohnzimmer einen eigenen Basteltisch. Um genau zu sein, ist das unser Wohnzimmertisch, den wir mit einer Wachstischdecke abgedeckt haben. Dort finden sie die unterschiedlichsten Stifte, weiße und bunte Papiere, Scheren, Klebstoff und Schnüre. Wenn sie keine Lust haben, damit zu spielen, liegt das meistens daran, dass der Tisch nicht aufgeräumt ist. Sobald ich ihn aufgeräumt und alles fein säuberlich sortiert habe, zieht er die Kinder magisch an. Genau das – den Basteltisch aufräumen – tue ich in diesem Fall also.

Aufräumen: Generell ist Aufräumen an diesen Langweil-Tagen eine super Beschäftigung. Wenn die Kinder die ganze Zeit an eurem Rockzipfel hängen, fangt an, in den Kinderzimmern aufzuräumen oder etwas wegzusortieren. Es gibt die ungeschriebene Regel, dass Spielzeug richtig interessant wird, wenn man es wegpacken möchte. Macht euch das zunutze. Geht natürlich offensichtlich vor, damit die Kinder es mitbekommen. Ihr werdet sehen, das wirkt Wunder.

Eine Höhle bauen: Baut ihnen schnell eine Kuschelhöhle und gebt ihnen Taschenlampen oder Nachtlichter. Die schnellste Version ist es, den Esstisch mit Laken oder großen Handtüchern abzuhängen und viele Kissen und Decken unter den Tisch zu legen.

Ein Hörspiel einschalten: Bei uns funktionieren Hörspiele gut, wenn der Bewegungsdrang gerade nicht allzu groß ist. Bevor ich es einschalte, richte ich ihnen einen Obstteller und ein paar Knabbereien und bereite ihnen eine gemütliche Kuschelecke vor. Bei den Kleineren, oder wenn sie singen und tanzen möchten, könnt ihr Kinderlieder-CDs abspielen. Die funktionieren auch dann, wenn sie noch zu klein sind, um einer Geschichte zu folgen. Oder vielleicht schaltet ihr einfach eure Lieblingsmusik ein? Ich habe schon oft gehört, dass Kinder Erwachsenenmusik toll finden und sie mitsingen und dazu durchs Zimmer hüpfen. Euch tut es sicher auch gut, eure Lieblingslieder mal wieder zu hören.

Baden: Steckt eure Kinder in die Badewanne, sofern ihr eine habt, und lasst sie schön lange planschen. Nehmt euch ein Buch mit ins Bad und genießt die Zeit.

Gemeinsam backen oder kochen: Backt oder kocht etwas zusammen, worauf ihr persönlich gerade Lust habt. Das hat den Vorteil, dass am Ende alle Familienmitglieder etwas davon haben und ihr eure Kleinen beim Vorbereiten helfen lassen könnt.

Entspannt mitspielen: Überlegt euch Spiele, bei denen ihr möglichst unbeteiligt sein könnt. Als ich mit dem dritten Kind schwanger war, war ich nachmittags nach der Arbeit oft extrem geschafft und habe mich regelmäßig als Patientin zur Verfügung gestellt. Ich lag auf der Couch, habe über verschiedenste Schmerzen geklagt und wurde von meinen zwei Chefärzten intensiv betreut. Alternativ habe ich mir liegend auch 10-Gänge-Menüs anreichen lassen, die sie mir in ihrer Küche gekocht haben.

Altpapier kreativ umnutzen: Größere Kartons aus dem Altpapier suchen und anmalen, zerschneiden oder zerreißen lassen. Manchmal muss die Energie einfach irgendwohin und sinnloses Zerstören alter Kartonagen macht ab und zu mehr Spaß, als das zehnte Häuschen damit zu bauen.

Für Abwechslung sorgen: Gebt ihnen Spielsachen, die sie nicht immer zur Verfügung haben. Ich sortiere immer mal wieder etwas aus, wenn es gerade nicht bespielt wird, und bewahre es außer Sichtweite auf. Vor allem sind das die größeren Sachen, die immer viel Platz wegnehmen im Zimmer. Wenn die Langeweile an einem Nachmittag zu groß wird, bringe ich etwas davon und oft ist die Freude darüber sehr groß. Dafür kommt dann direkt an diesem Nachmittag heimlich etwas anderes in die Abstellkammer – so steht für den nächsten Regentag etwas außer der Reihe bereit und ihr müsst euch nicht irgendwann die Zeit nehmen, etwas wegzuräumen.

Die wichtigsten Gedanken in Kürze

- Baut innerhalb weniger Minuten eine riesige Spiel-Landschaft auf und zieht euch dann zurück.
- Stellt einen Basteltisch zur Verfügung mit vielen spannenden Materialien. Räumt alles fein säuberlich auf, um ihn besonders interessant zu machen.
- Fangt allein an, das Kinderzimmer aufzuräumen, sortiert sogar Spielsachen aus. Das macht Kindern große Lust, sich mit diesen Sachen zu befassen.
- Baut eine Kuschelhöhle und gebt ihnen Taschenlampen und Nachtlichter.
- Schaltet Hörspiele oder Kinderlieder ein und bereitet vorher eine gemütliche Kuschelecke und leckere Snacks vor.
- Lasst sie in der Badewanne planschen. Schön lange! Setzt euch daneben und lest gemütlich etwas.
- Backt oder kocht etwas Leckeres zusammen.
- Denkt euch Spiele aus, bei denen ihr nur passiv involviert seid (etwa als liegender Patient beim Arzt oder als bequem sitzender Gast im Restaurant).
- Stellt ihnen große Kartons zum Anmalen oder Zerreißen zur Verfügung.
- Gebt ihnen Spielsachen aus dem Keller oder Speicher, die sie nicht immer haben dürfen. Packt dafür im Gegenzug direkt etwas anderes wieder weg.

Feierst du die Kindergeburtstage der Kleinen?

Ich habe die Erfahrung gemacht, dass viele Mamas ab dem vierten Geburtstag eine Extra-Feier für Freunde ausrichten. Zum dritten Geburtstag habe ich jeweils nur ein, zwei Kinder plus Mamas eingeladen, die ich mochte. Das zählt daher nicht wirklich.

Da sich die Kinder in diesem Alter oft noch nicht ohne Eltern nachmittags getroffen haben, habe ich beispielsweise den Mamas der eingeladenen Kinder freigestellt, ob sie dabei sein möchten. Die meisten blieben da. Das ist aber natürlich Geschmackssache und so eine Feier kann natürlich auch ohne Mamas stattfinden. Im Vorfeld dachte ich, dass es viel mehr Arbeit sei, die Mamas zusätzlich zu bewirten. Ich muss dazu sagen, dass ich die Mamas vorher nicht gut kannte und unsicher war, wie der Nachmittag verlaufen würde. Letztendlich war es richtig klasse, dass die anderen Mütter dabei waren. Zum einen waren sie sehr nett und wir hatten tolle Gespräche und zum anderen hat jede ihr eigenes Kind im Zaum gehalten und Streit geschlichtet. In dem Alter drehen die Kleinen ja gerne durch, wenn sie eine Schaufel nicht bekommen, oder wehren sich im Affekt körperlich, wenn ihnen etwas nicht passt. Da hatte jede Mama ihr Kind im Blick und das hat es mir – damals in der 37. Woche schwanger – viel einfacher gemacht. So konnte ich den Tisch abräumen und für das Abendessen decken und es hat trotzdem jemand nach den Kindern geschaut. Ich kann es daher nur empfehlen, Mütter oder zumindest eine Mutter oder Freundin zur Unterstützung einzuladen, solange die Kinder noch kleiner sind. Ihr macht es euch damit viel leichter! Ein Jahr später, beim fünften Geburtstag, waren zwar keine anderen Mütter mehr, aber meine eigene Mama zur Unterstützung dabei. Auch dies empfand ich als sehr nützlich und war für ihre tatkräftige Hilfe dankbar.

Wie viele Geburtstagsgäste kommen?

Als Faustregel gilt unter Mamas meistens die Regel: so viele Gäste, wie das Kind alt wird, plus das Geburtstagskind selbst. In der Praxis hat sich das zumindest in jungen Jahren bewährt. Wie es aussehen wird, wenn die Kinder neun oder zehn Jahre werden, muss ich später selber noch testen.

Ich unterhielt mich mit einer Freundin einmal über das Thema, ob man als Mama Einfluss darauf nehmen sollte, welche Kinder eingeladen werden. Manchmal möchte man als Mama eine Freundschaft gerne fördern oder aus Höflichkeit eine Gegeneinladung aussprechen. Wir haben aber beide die Erfahrung gemacht, dass diese »Höflichkeits«-Einladungen nichts bringen. Es führt im Gegenteil sogar zu Ärger, wenn ein Kind keine Lust auf einen Geburtstagsgast hat. Probiert es aus, wenn euch danach ist. Aber eigentlich bringt das nichts. Ladet das besagte Kind lieber an einem anderen Nachmittag einfach so ein. Vielleicht finden die Kinder zu zweit in ein Spiel und wenn nicht, kippt immerhin nicht die Laune einer gesamten Feier.

Wann findet so eine Feier statt?

Wir haben den vierten Geburtstag beispielsweise von 15 bis 18 Uhr bei uns zuhause gefeiert; das war absolut ausreichend. Angeboten hatten wir zum Start Kuchen und zum Abschluss Abendessen. Viele feiern auch nur für zwei Stunden ohne Abendessen. Es muss nicht immer ein riesiges Event sein, das ewig dauert. Gerade die Kleinen halten bei so einer Feier noch nicht allzu lange durch und ich hatte erst bei unserem letzten Kindergeburtstag das Gefühl, dass drei Stunden sehr viel für vier- oder fünfjährige Kinder waren.

Was bietest du zu essen an?

Bei Kuchen/Muffins habe ich bisher immer die Erfahrung gemacht, dass die Kinder nicht viel essen. Es reicht also, das knapp zu kalkulieren. Ich hatte für sechs Kinder und vier Erwachsene einen Kuchen, eine Portion Muffins, Schokodickmanns sowie einen Obstteller und das hat sehr gut gereicht. Ohne anwesende Mütter reicht auch nur Geburtstagskuchen, Obst plus drei, vier Schalen mit verschiedenen Süßigkeiten. Bei Fremdfeiern sah die Tafel immer ähnlich aus und die Kinder waren glücklich damit. Eine tolle Idee ist auch, Muffins oder Amerikaner anzubieten, und die Kinder verzieren diese am Tisch direkt selber. Abends hatte ich bisher Würstchen, Pommes und Rohkost im Angebot. Bei Geburtstagen anderer Kinder gab es Pizza, Nudeln mit Tomatensoße, Nuggets mit Pommes oder ein größeres Vesper.

Welche Programmpunkte gibt es?

Mit vier und fünf Jahren sind die Kinder eigentlich damit zufrieden, die Kinderzimmer zu durchwühlen und alles zu bespielen. Für uns Mütter ist das nur meistens recht nervenaufreibend. Wenn das Wetter sich anbietet, ist es einfacher, dass man die Meute in den Garten oder auf einen Spielplatz jagt. Eine Schatzsuche kommt auch immer gut an. Ich hatte ansonsten immer zwei, drei Programmpunkte vorbereitet, falls doch Langeweile aufkommen sollte. Mögliche Ideen sind: Kekshäuschen verzieren, Lesezeichen oder Tischsets bemalen und laminieren, Bastelarbeiten jeglicher Art, Topfschlagen, Luftballontanz und Steckpferde aus Schwimmnudeln basteln. Möglich ist auch, Gesichter, Holz-Bilderrahmen oder Steine zu bemalen. Schön ist es auch, die Kinder Schokoküsse ohne Hände von einem Teller essen zu lassen oder eine Gummischlange an einer Schnur baumeln zu lassen, nach der die Kinder dann nur mit dem Mund schnappen dürfen.

Ich finde es besser und wertschätzender, wenn die Geschenke erst nach dem Kuchenessen ausgepackt werden, als extra Aktionseinheit – beispielsweise im Stil von Flaschendrehen: Das Geburtstagskind dreht die Flasche und packt immer das Geschenk desjenigen Kindes aus, auf das die Flasche gerade zeigt. Sonst reißt das Geburtstagskind die Geschenke gerne mal in Sekundenschnelle auf und legt die Gaben direkt ab, um weitere Gäste zu begrüßen oder das nächste Päckchen schnell zu öffnen.

Für die Schatzsuche der Fünfjährigen hatte ich mir fünf Fragen überlegt und immer jeweils eine in weiße Papiertüten gesteckt. Die erste Tüte lag in einem Gebüsch im Garten, danach ging es einmal um den Block. Da es an dem Tag sehr windig war, konnte ich die Zettel nicht vorher verstecken. Das war aber kein Problem: Ich habe die Jungs beispielsweise an einer Wiese mehrmals hoch und runter geschickt und den Hinweis dabei seelenruhig versteckt. So habe ich es mit allen Hinweisen gemacht, da ich sie ja erst unterwegs versteckt habe. Die Kinder befanden sich aber so im Eifer der Schatzsuche, dass das super geklappt hat. Ihr seht also, die Vorbereitungszeit muss nicht groß sein. Nach vier Stationen kamen wir an einem Spielplatz an und dort hatte meine Mutter bereits den Schatz so vergraben, dass er ein bisschen herausschaute. Hätte ich selbst ihn parallel bei der Ankunft verstecken müssen, hätte ich ihn an der Seite ins Gebüsch gelegt und sie zunächst ans andere Ende zum Suchen geschickt.

Es hat sich etabliert, dass Kinder am Ende eine kleine Tüte mit Geschenken nach Hause bekommen. Das können kleine Stempel, Tattoos, ein Badezusatz, ein Pixi-Buch oder ein Anspitzer zusammen mit Süßigkeiten sein. Ich finde ja, weniger ist hier mehr. In dem Jahr, als wir die Poolnudel-Pferde gebastelt haben, gab es außer diesen nur die 3 kleinen Süßigkeiten von der Schatzsuche mit nach Hause.

Wie viel darf das, was du anderen Kindern schenkst, kosten? Wir kaufen für etwa 10 Euro ein Geschenk. Wenn es ein enger Freund unseres Kindes ist, können es auch 15 Euro sein. Da die Kinder heutzutage meistens schon proppenvolle Kinderzimmer haben, frage ich immer erst bei den Mamas nach, womit man dem Kind eine Freude machen kann. Wenn die Kinder gerne einen Gutschein haben möchten, ist das absolut in Ordnung für mich.

Weitere Tipps rund um die Kindergeburtstage

Kleinteile außer Reichweite schaffen: Wenn die Kinder im Kinderzimmer spielen, räumt vorher alle Spielsachen mit Kleinteilen weg. Sonst sortiert ihr ewig danach Playmobil, Puzzle und Gesellschaftsspiele. Das klingt jetzt beim Lesen vielleicht harmlos, aber wenn diese Sachen alle fröhlich miteinander vermischt auf dem Kinderzimmerboden liegen, ist das irgendwie nicht mehr so lustig und abends ein enormer Zeitfresser (nach einem Tag, an dem ihr eigentlich nur noch auf die Couch fallen wollt). Verkleidungskisten kommen beispielsweise immer super an; die habe ich sowieso immer im Spielzimmer. Mit ihnen können Kinder oft verweilen und ihr werdet sehen – es ist ein Traum, wie schnell so was aufgeräumt ist.

Listen schreiben: Ich habe nach dem ersten Kindergeburtstag, den ich ausgerichtet habe, eine Kindergeburtstags-Liste angefangen. Dort habe ich eingetragen, was ich für nachmittags und abends zum Essen vorbereitet hatte und was gespielt wurde. Dann habe ich beurteilt, was gut und was schlecht daran war. Das ist im ersten Augenblick natürlich nervig und zeitaufwendig, aber gerade für die folgenden Feiern natürlich Gold wert. Bei den Geschwisterkindern brauche ich später bloß meine Liste zu zücken und habe die Planung innerhalb kürzester Zeit und ohne große Denkarbeit fertig.

Belohnung muss sein: Stellt euch schon morgens eine Flasche Sekt kalt, die werdet ihr abends nötig haben. Alternativ darf es auch gerne ein großes Eis sein. Ich war immer total gerädert nach den Geburtstagen zuhause und habe sogar teilweise das Aufräumen auf den nächsten Tag verschoben, weil sich so platt gewesen bin.

Die wichtigsten Gedanken in Kürze

- Bei kleinen Kindern können auch die Mütter eingeladen werden. Sie sind meistens eine große Unterstützung. Ansonsten bittet eine Freundin oder andere Erwachsene, euch zu helfen.
- Es hilft, wenn man zwei, drei Spiele als »Joker« vorbereitet, falls Langeweile aufkommen sollte.
- Belohnt euch abends mit einem Glas Sekt oder einem großen Eis. Ihr habt es euch verdient, wenn der Nachmittag geschafft ist.

Kapitel 5
Das neue Baby ist da

Marketing ist alles:
So gibt's keine Eifersucht

Immer wieder fragen mich meine Freundinnen, was wir beachtet haben, wenn bei uns ein Geschwisterchen im Anmarsch war. Das ist natürlich ein Thema, das mich selbst auch enorm beschäftigt hat, als ich schwanger war und wusste, unsere Familienkonstellation würde sich verändern. Gerne gebe ich euch alle Tipps und Weisheiten mit auf den Weg, die wir selbst gelebt haben. Da es bei uns damit nie zu Problemen mit Eifersucht kam, drücke ich die Daumen, dass sie auch bei euch helfen werden. Bei uns lag der Altersabstand übrigens einmal bei 19 Monaten und einmal bei zweieinhalb Jahren; darauf sind die Tipps auch zugeschnitten.

Solange das Baby noch im Bauch ist

Ich empfehle euch, das größere Geschwisterkind schon dann auf die Realität vorzubereiten, wenn das Baby noch im Bauch ist. Die Realität ist nämlich eher unspannend. Das Baby wird erst einmal nur schlafen, schreien, essen und muss ziemlich oft gewickelt und umgezogen werden. Meistens freuen sich die größeren Kinder auf einen Spielkameraden und diesen Zahn sollte man ihnen schnell ziehen. Denn bis sie mit dem Baby spielen können, wird es lange dauern und dazwischen liegt auch diejenige Zeit, in der das neue Geschwisterchen oft nur stört und zerstört …

Das neue Baby sollte also direkt als langweilig und anstrengend angekündigt werden. Wenn es letztendlich nicht so schlimm kommen wird, umso besser. Aber so weiß der große Bruder oder die große Schwester zumindest einigermaßen, was auf ihn/sie zukommt.

Wenn das Baby da ist

Sobald das neue Baby da ist, solltet ihr eure Marketing-Maschinerie starten. Denn das neue Baby sollte nun möglichst schlau angepriesen werden, damit es positiv angenommen wird.

Macht das Baby nicht schlecht. Wenn wir um Ruhe gebeten haben, haben wir nicht gesagt: »Sei bitte leise, das ist zu laut für das Baby«, sondern: »Sei bitte leise, mir tun heute meine Ohren weh.« Wenn das Baby geschlafen hat und wir wollten, dass deswegen Ruhe ist, haben wir es auch immer allgemein verpackt: »Du, bei uns schläft gerade jemand. Sei bitte leise. Wenn du morgens länger schläfst, sind wir für dich auch leise.« So ist das Baby nicht der Buhmann und Spaßverderber. Vermeidet in den ersten Wochen generell, das Baby im Zusammenhang mit etwas Negativem zu nennen. Schiebt im Zweifel euch selbst vor. Das klappt eigentlich bei allem. Auch wenn man eigentlich dringend losmuss und ein Baby-Stinker dazwischenkommt: »Mir ist es wichtig, das Baby jetzt gleich frisch zu machen«, und nicht: »Das Baby hat einen Stinker gemacht, ich muss es jetzt wickeln.« Es ist die gleiche Situation, aber bei der ersten Formulierung steht ihr als Mama im Fokus und beim zweiten euer Baby.

Lobt das Baby über den grünen Klee. Stellt alles, was das Baby macht – oder auch nicht macht –, so hin, als wäre es etwas Positives: »Das Baby schläft heute extra so lange, damit wir noch ein zweites Puzzle machen können. Das ist aber lieb von ihm«, oder: »Oh, jetzt hat er seinen Pullover vollgespuckt. Er weiß wohl, dass du ihm so gerne einen neuen aussuchst.« Das ist natürlich alles mit einem Augenzwinkern zu betrachten, aber eigentlich täglich in allen möglichen Situationen anwendbar und die großen Kinder freuen sich, was das Baby alles für sie macht. Wir haben das in den ersten Wochen sehr intensiv gelebt. Teilweise sind wir uns auch ein bisschen albern vorgekommen, aber hey: Das Baby hatte einen super Ruf und war äußerst beliebt!

Bietet dem Geschwisterkind etwas Besonderes. Lest ihm zum Beispiel ein Buch vor während ihr stillt oder die Flasche gebt, oder gebt ihm eine Spielzeugkiste mit ganz tollen Sachen, die es wirklich immer nur dann gibt, wenn das Baby etwas zu trinken bekommt. Am besten neu angeschaffte Dinge oder welche, die lange Zeit aus dem Blickfeld waren. So kann das größere Kind die Mahlzeiten kaum erwarten. Wenn das Interesse am Spielzeug nachlässt, tauscht die Sachen aus.

Lasst die größeren Kinder die Geburtsgeschenke für das Baby auspacken. Wenn ihr im Gegenzug einer Familie etwas für ein neugeborenes Baby schenkt und es gibt bereits ein größeres Kind, bringt diesem zumindest eine Kleinigkeit mit, wenn ihr hingeht und den Säugling begrüßt.

Lasst die Geschwister mithelfen. Auch bei einem geringen Altersabstand können die Großen schon fleißig mithelfen. Sie können die Windel halten, Feuchttücher anreichen, den neuen Body oder die Hose aussuchen oder beim Rausgehen (mit Hilfe) die Mütze aufziehen. Je größer der Altersabstand ist, desto mehr können die Geschwister machen, sofern sie es denn möchten. Wenn sie keine Lust haben, zwingt sie nicht. Nicht jedes Kind reagiert gleich enthusiastisch auf ein Baby; eine friedliche Koexistenz ist da doch auch in Ordnung.

Lasst die Großen auf die Babys aufpassen. Natürlich auch hier nur so, wie es zum Alter passt. Als unser Mittlerer auf die Welt kam, war der Große gerade mal 19 Monate alt und ich habe trotzdem oft zu ihm gesagt, dass er aufs Baby aufpassen soll. Aber natürlich nur in absolut planbaren Situationen. Beispielsweise, wenn das Baby im Laufstall schlief – ohne dass es durch den Großen allzu schnell erreichbar war – und ich schnell ins Bad, die Küche oder an den Türöffner musste. Ihr seht, eigentlich war das gar keine Situation zum Aufpassen. Er hätte nie etwas machen müssen und es wäre auch nie etwas passiert. Aber das ist nicht so wichtig. Der Große ist geplatzt vor Stolz, weil er diese wichtige Aufgabe so oft anvertraut bekommen hat – und das ist das Wichtige daran.

Lebt nach der Geburt schnellstmöglich so viel Normalität wie möglich. Lasst die Großen weiterhin in den Kindergarten und zu Sport- oder Musikstunden gehen. Das Baby muss sich daran gewöhnen, dass nicht nur im ruhigen Wohnzimmer geschlafen wird. Ab dem zweiten Kind geht es einfach nicht, dass man sich nach den Schlafenszeiten des Neugeborenen richtet. So ist es für sie normal, dass sie geweckt werden, wenn man irgendwohin muss. Keine Sorge, wenn die Kleinsten müde genug sind, schlafen sie auch woanders wieder weiter oder eben dann, wenn es wieder passt. Mein Dritter schlief tagsüber immer extrem wenig, weil immer so viel Trubel war und wir ständig irgendwohin mussten. Trotzdem war er immer ein fröhliches Baby und nachmittags einfach viel auf meinem Arm, wenn er müde und schlecht gelaunt war.

Weist die Geschwisterkinder nicht zurück. Das ist ein wichtiger Punkt, den wir insbesondere in den ersten Wochen nach der Geburt intensiv gelebt haben: Beginnt möglichst keinen Satz mit »Nein«. Schlagt ihnen, wenn möglich, nichts ab. Versucht generell alles möglich zu machen, worum sie euch bitten. Denn wie oft ist man in der Situation, dass sie etwas fragen und man antwortet mit »Ich kann gerade nicht«, »Nein, jetzt stille ich, nachher können wir puzzeln« oder »Jetzt wickle ich zuerst, danach suche ich dir die neue Hose raus«. Das klingt erst einmal leicht, ist aber harte Arbeit – die sich lohnt! Denn genau diese kleinen Sachen geben den großen Kindern das Gefühl, dass sie wichtig sind und ihr sie ernst nehmt. Dabei ist es nicht nötig, dass ihr alle Spielideen immer perfekt umsetzt, sondern nur, dass ihr euch als Mama bemüht. Oft konnte – oder vielmehr musste – das Baby kurz warten, weil ich zuerst die Bedürfnisse der Großen befriedigt habe. Das waren immer Sachen, die schnell gingen. Mal eine Jogginghose anziehen oder das Hämmerchenspiel vorbereiten oder Getränke einschenken. Und auch wenn die Kinder das Unmöglichste wollten, habe ich versucht, es irgendwie möglich zu machen. Wir haben mehr schlecht als recht zusammen gepuzzelt, während ich gestillt habe, oder ich habe ein Buch vorgelesen, während ich gewickelt habe. Oft war das eher ein erbärmlicher Versuch und es hat selten richtig gut geklappt, aber die großen Jungs waren stets zufrieden damit. Ihnen kam es nicht darauf an, dass ich ein Buch wirklich immer komplett gelesen oder das Puzzle bis zum Schluss gemacht habe. Für sie hat gezählt, dass ich nicht Nein sage, sondern dass wir es irgendwie zusammen durchgezogen haben. Später, wenn alles etwas eingespielt gewesen ist, haben wir das in dieser Intensität nicht mehr gemacht. Aber etwa die ersten zwei Monate haben wir es knallhart durchgezogen, sie nicht zurückzuweisen.

Lasst das Baby auch mal warten. Generell bin ich der Ansicht, dass das Baby eher warten kann als die größeren Kinder. Jede Mama mit mehreren Kindern wird mir da zustimmen, denke ich. Natürlich ist es nicht schön, wenn ein Baby kurz weinen muss, bis ich mich um es kümmern kann. Aber als Mutter von mehreren kleinen Kindern muss ich immer abwägen, welches von mehreren Bedürfnissen gerade Priorität hat. Dazu habe ich in Kapitel 3 »Der Abend mit Kindern« (S. 74) schon etwas geschrieben. Wenn das ältere Kind, das frisch trocken ist, dringend auf Toilette muss, während ich stille, docke ich das Baby ab und helfe dem größeren Kind. Danach stille ich weiter. Das ist für das Baby natürlich nicht unbedingt schön, aber es bekommt trotzdem weiterhin Körperkontakt. Denn – ja, ich kann tatsächlich ein größeres Kind ausziehen und auf die Toilette setzen mit Baby auf dem Arm! So etwas können Mehrfach-Mamas schnell lernen. Sie haben ja auch oft keine andere Wahl. Der Säugling wird also nicht allein gelassen. Sollte das Baby doch irgendwie liegen und weinen und ich kurz noch etwas erledigen müssen, bin ich pausenlos am Rufen und Beruhigen, bis ich es wieder nehmen kann. Irgendwie lernen die Zweiten von Anfang an, dass Warten dazugehört, da sie es nicht anders kennenlernen. Lest dazu auch das Interview mit dem Kinderarzt, der mir durch Zufall genau diese Antwort auf eine meiner Fragen gab.

Wie oft habe ich auch schon von Mamas gehört, dass die ersten Kinder ungeduldiger waren und das Zweite viel eher warten oder irgendwie auch liegen kann. Aber bitte, ich appelliere an eure Vernunft: Es geht hier um Prioritätensetzung und darum, dass man sich natürlich schnellstmöglich um das Baby kümmert, wenn man mit der anderen Aufgabe fertig ist. Da geht es um ein, zwei Minuten. Damit rechtfertige ich hier keineswegs, das Baby ohne Grund über lange Zeit weinen zu lassen. Denn das hätte ich als liebende Mama nie gemacht und davon halte ich gar nichts.

Schmust bewusst mit den Größeren. Babys kommen nach der Geburt selten zu kurz und spätestens am Abend, wenn die anderen Kinder schliefen, hatte ich immer genügend Zeit mit dem Baby. Die Großen brauchen viel Nähe, auch wenn sie es nicht zeigen. So könnt ihr ihnen Halt und die Sicherheit vermitteln, dass auch in der neuen Konstellation alles gut ist und ihr alle zusammengehört.

Versucht etwas »Allein-Zeit« mit Geschwisterkindern zu verbringen. Da ich immer voll und in meist kurzen Abständen gestillt habe, waren das bei mir immer nur sehr kurze Ausflüge. Meistens zu einem Supermarkt oder Bäcker im Dorf. Das tat der Stimmung aber keinen Abbruch. Wir konnten ein bisschen in Ruhe erzählen, das Kind durfte sich eine Kleinigkeit aussuchen und dann ging es auch schon wieder in bester Stimmung nach Hause. Die Einkäufe waren dann auch direkt erledigt, wie praktisch.

Erwartet nicht zu viel von den größeren Geschwistern. Mein Mittlerer fiel mit zweieinhalb Jahren noch so oft über seine eigenen Füße, dass ich mir im Hinblick auf den Umgang mit dem Baby nicht viel Feingefühl erhoffen konnte. Und so war es auch und blieb es noch sehr lange. Er war knapp zweieinhalb Jahre alt, als unser Jüngster zur Welt kam. Zur Begrüßung wollte er dem kleinen Minimann ein kleines Auto bringen. An sich eine tolle Idee. Nur klatschte er ihm das mitten ins Gesicht ... Wenn er sich neben ihn setzen wollte, verschätzte er sich regelmäßig und landete halb auf ihm. Einmal lief er rückwärts, stolperte und plumpste genau auf das Gesicht des Babys, das dahinter in der Kinderwagenschale lag. Zum Glück war alles sehr weich gepolstert und es ist nichts dabei passiert. Ich blieb daher immer in der Nähe, wenn die beiden zusammen waren, da der Größere ohne böse Absicht einfach überhaupt kein Gespür dafür hatte, wie er sich verhalten sollte. Es wurde erst etwas besser, als der Jüngste knapp ein Jahr und der Mittlere dreieinhalb Jahre alt wurden. Die Babyzeit war da schon lange vorbei und der Säugling längst ein mobiles Kleinkind. Rechnet also mit Tollpatschigkeit und fehlendem Einschätzungsvermögen. Auch die Großen sind noch kleine Kinder und weder motorisch noch geistig so fit, dass sie mit einem Baby vorbehaltlos gut und sicher umgehen könnten.

Abschließend möchte ich euch auch mit auf den Weg geben, dass oft das nächstgrößere Geschwisterchen – das ja bisher das Nesthäkchen war – einen Entwicklungsschub durchläuft, wenn das Baby da ist. Es ist ja nun große Schwester/großer Bruder und da ist es ganz natürlich, dass es das auch durch sein Verhalten zeigen möchte. Wie wir Mamas wissen, gehen Entwicklungsschübe oft mit extremen Trotzanfällen einher. Projiziert das also nicht allzu sehr auf euer jüngstes Familienmitglied. Diesen Schub bemerkt ihr daran, dass sich sprachlich oder beim Trockenwerden oder beim Selbstanziehen oder in einem anderen Bereich sehr viel tut und parallel dazu die Trotzanfälle auftreten. Auch wenn das ganze Umfeld euch weismachen möchte, dass ganz klar ist, dass das Kind nun so zickig ist, da es die Eltern teilen muss. Das ist es nicht! Diese Entwicklungsschübe treten auch unabhängig von frisch geschlüpften Babys auf und können trotzdem sehr heftig verlaufen. Sie können natürlich auch von einem Baby ausgelöst werden, was ja nichts Schlechtes ist. Also: Bleibt gelassen, betreibt weiter Marketing für das Neugeborene und irgendwann geht der Schub vorüber. Wie alle davor und alle, die danach kommen werden. Legt euch ein dickes Fell zu. Mit zwei Kindern braucht ihr das noch viel nötiger als mit einem.

Ich wünsche euch, dass Eifersucht kein Thema in eurer Familie ist. Trotzdem möchte ich euch darauf vorbereiten, dass die Eifersucht ein täglicher Gast sein wird, wenn die Kinder älter sind. Die Kleinen werden täglich darum kämpfen, wer schneller, größer, besser ist. Wer darf heute die Gutenachtgeschichte aussuchen? Wer bekommt das Frühstücksbrot als Erster? Wer darf auf der Couch in der Ecke sitzen? Wer hat die größere Erdbeere? Ihr seht schon, die Liste der nervigen Wettbewerbe kennt kein Ende. Es ist okay. Es ist normal. Stellt euch einfach drauf ein und es wird vorübergehen. Wir müssen da alle durch und wir werden es alle überstehen. Ich hoffe, das tröstet euch ein wenig. Und ich muss sagen, irgendwie ist es auch ganz süß, wenn sie darum kämpfen, wer die Mama nun eigentlich am meisten liebt und wer mehr Küsse verteilen kann.

Die wichtigsten Gedanken in Kürze

- Marketing ist alles: Preist das neue Baby an wie den Verkaufsschlager eines Teleshopping-Kanals: übertrieben und voller Motivation.
- Lasst im Zweifel eher das Baby kurz warten als das größere Kind.
- Die Eifersüchteleien und Kämpfe gehen leider erst so richtig los, wenn die Geschwister älter geworden sind.

... manchmal braucht man ein Glas Vino Tinto

Kapitel 6
Mama ist die Beste

Warum hast du fast keine Freunde ohne Kinder?

Die Wahrheit ist, dass ich wohl einer der unflexibelsten Menschen dieses Planeten bin. Mit jeder Geburt habe ich ein Stück Spontaneität und Selbstbestimmung im Kreißsaal abgegeben. Für Freunde ohne Kinder macht mich das nicht gerade attraktiv. Irgendwie bekommt man auch schnell diesen Stempel, dass man mit Baby ein Hausmütterchen sei, das nur für die Familie lebt. Naja, teilweise stimmt es auch, die Familie nimmt ja einen immensen Teil des Lebens ein.

Aber trotzdem funktioniert mein Gehirn noch ganz gut. Ich denke nicht in Babysprache und es dreht sich nicht alles nur um meine Familie. Ich bin auch nicht der Typ Mama, der ausschließlich über seine Kinder spricht. Aber nun ja, sie bestimmen meine Tage und Nächte und natürlich habe ich zu dem Thema viel zu berichten. Manche nervt das sicher. Aber ein Manager, der 60 Stunden die Woche arbeitet, erzählt bei einem Treffen sicher auch viel von seiner Arbeit. Deshalb habe auch ich da kein schlechtes Gewissen. Außerdem spreche ich zum Beispiel auch gerne von den guten alten Zeiten vor den Kindern – als ich tatsächlich spontan gewesen und viel ausgegangen bin. Klar bin ich da auch joggen gewesen, ganze viermal die Woche mit jeweils 13 Kilometern, und das nach der Arbeit. Ohne Muskelkater danach! Das ist ein bisschen so, wie wenn unsere Omas und Opas aus ihrer Jugend erzählen. Klingt wie ein anderes Leben. Für sie unheimlich spannend, für die Zuhörer bisweilen etwas langatmig. Von aktuellen Partys kann ich nämlich nichts erzählen und meinen letzten Longdrink hatte ich 2011. Ich weiß quasi gar nicht mehr, wie Feiern funktioniert. Würde ich heute auf eine Party gehen, wüsste ich nicht einmal, ob ich noch irgendwo entsprechende Kleidung dafür hätte. Was trägt man denn da inzwischen überhaupt? Ich würde mich da auch eher fehl am Platz fühlen. Allein der Gedanke, um Mitternacht nicht im Bett zu liegen, würde mich stressen.

Ihr seht schon, ein langweiliges und trauriges Bild, das ich da abgebe. Für feierwütige Freunde bin ich einfach keine gute Begleitung. So traurig und so wahr. Auch habe ich keine Lust, das »20 bis 22 Uhr«-Lückenfüller-Programm für diejenigen Freunde zu sein, die danach noch weiterziehen wollen. Entweder man verbringt den ganzen Abend mit mir, ohne auf die Uhr zu schauen, weil man weiter muss, oder man geht gleich woandershin. Ein Lückenbüßer will ich nicht sein, Abende wie diese hatte ich mehrfach und schön war das nicht. Geht euch das damit nicht auch so? Da fehlt mir glatt die Wertschätzung, wenn die Gäste um 21:25 Uhr aufbrechen, weil sie anderweitig verabredet sind und nicht bleiben können, obwohl es gerade schön und lustig ist.

Wir besuchen auch keine Freunde in anderen Städten übers Wochenende. Die Nächte wären garantiert schrecklich, die Kinder würden nachts in der fremden Umgebung quasi an uns kleben, wir wiederum kein Auge zumachen. Tagsüber wären wir kaum in der Lage, das Treffen mit den Freunden zu genießen. Zumal wir auch gar kein Gespräch führen könnten, weil ständig jemand dazwischenquakt, auf Toilette muss, Hunger hat oder wahlweise auch die hübsche Wohnzimmer-Deko der kinderlosen Freunde zerstört.

Nun wisst ihr es alle, dass ich nicht nur eine miese Unterhaltung beim Feiern, sondern auch null spontan bin. Am besten ist es, wenn man mich zuhause besucht. Aber bitte zu einer Zeit, in der die Kinder auch einigermaßen fit sind und noch keine Bettgehzeit ansteht. Insgesamt bin ich wahrlich keine gute Verabredung für kinderlose Freunde. Da liegt es auf der Hand, dass man sich nicht mehr so oft sieht.

Ob ich darüber traurig bin? Manchmal schon, wenn ich mal wieder etwas absage, was ich vielleicht doch gerne gemacht hätte. Oder wenn ich daran denke, wie viel Spaß ich früher hatte und wie spontan ich gewesen bin. Aber meistens hinterfrage ich das erst gar nicht. Denn dann könnte ich auch darüber nachsinnen, dass es mir nur noch dann zu duschen vergönnt ist, wenn es mit den Kindern gerade vereinbar ist, oder ich meine Einkäufe um den Vormittagsbrei von Kind 3 herum zu planen habe. Sprich, dass ich eigentlich in jeder Minute meines Tages fremdgesteuert bin. Aber jeder Lebensweg hat seinen Preis und

Verantwortung bringt nun einmal Verpflichtung mit sich. Egal ob man Mutter ist, Teamleiter oder ehrenamtlicher Trainer im Turnverein. Das Leben ist trotzdem schön. Sehr sogar!

Mit anderen Mamas klappen Treffen oft besser – natürlich abends, dann ohne Kinder. Denn die ticken ähnlich wie ich. Unsere Verabredungen sehen dann so aus:

»Du, ich fahre nachher total spontan los, wenn die drei im Bett liegen, und schreibe dir auf dem Weg zum Auto. Wenn deine dann noch nicht schlafen und du nicht wegkannst, kaufe ich noch ein paar Sachen ein unterwegs, kein Problem. Du willst nicht so spät heim? Super, ist mir recht, unsere letzten zwei Nächte waren mehr als bescheiden und ich bin auch total müde. Jaaa, ich freue mich auch wahnsinnig auf dich. Wir machen uns nachher zwei gemütliche Stunden beim Italiener und genießen unseren Ausgang, yeah!«

Die Treffen sind kurz, wir müde, freuen uns aber des Lebens und feiern uns, dass wir uns getroffen haben. Dann stoßen wir bei einem Glas Vino Tinto auf die Bindehautentzündungen der Kinder an, schwelgen in Erinnerungen und fühlen uns wild und frei. Um 23 Uhr liegen wir wieder im Bett. Satt, müde, glücklich.

Mit den kinderlosen Freunden klappt es dann sicher in fünf, sechs Jahren wieder. Falls sie dann nicht gerade selbst kleine Kinder haben sollten und selbst im »Muttiversum« gefangen sind. Ich denke, ich werde sie dann gut verstehen, wenn sie nach 19 Uhr zu nichts mehr in der Lage sind und ich teilweise monatelang nichts mehr von ihnen höre. Aber hey – ich werde auf euch warten, versprochen!

Die wichtigsten Gedanken in Kürze

- Wir Mamas machen abends gerne etwas Gemütliches, weil wir tagsüber genug Action und Geschrei haben. Abendliche Restaurantbesuche wissen wir sehr zu schätzen, weil wir endlich in Ruhe sitzen bleiben können. Bevorzugt nicht bis in die späte Nacht hinein.
- Wir freuen uns auch sehr, wenn uns kinderlose Freunde abends zuhause besuchen und wir gemütlich auf dem Sofa sitzen und entspannt quatschen.
- Mit kinderlosen Freunden klappt es besonders gut, wenn wir Mamas ohne schlechtes Gewissen über unsere Kinder sprechen dürfen. Im Gegenzug hören wir auch gerne zu, welche Kollegen in den Meetings besonders nerven oder wie anstrengend der neue Job ist.

Bist du wirklich so entspannt?

Freunde von mir sprechen mich öfter darauf an, dass ich trotz dreier kleiner Kinder entspannt wirken und es zum Beispiel sogar noch schaffen würde, dieses Buch hier zu schreiben. Aber bin ich das wirklich, entspannt? Es gibt mehr als genug Themen, die mich in den Wahnsinn treiben, und es gibt genügend Tage, an denen ich mich wie die ungeduldigste Mama im ganzen Ort fühle. Aber ich denke, durch eine entspannte Grundeinstellung zu vielen Themen bin ich oft recht gelassen. Zudem habe ich nun mehrere Jahre Kindererziehung hinter mir. Mit der Geburt des ersten Kindes habe ich als kleiner unbedarfter Lehrling angefangen, der hilflos vor vielen Situationen stand. Durch Routine, Training und mehrere Jahre Arbeit in diesem Umfeld habe ich mir einfach viel Wissen angeeignet und mich zum Abteilungsleiter von immerhin drei Teammitgliedern hochgearbeitet. Beim ersten Kind ist vieles neu und ich war oft überfordert, weil so manches anders kam, als ich das erwartet hätte. Inzwischen weiß ich einfach, dass kleine Kinder bei jeder Gelegenheit Schränke und Regale ausräumen. Ich rechne damit, dass ein zehn Monate altes Baby den frisch zusammengelegten Wäscheberg auf den Boden werfen möchte, und ohne einen Trotzanfall beim Zweijährigen oft schon, bevor dieser so richtig ausbricht. Das ist die Erfahrung, die mir Sicherheit und eine entspannte Grundhaltung gibt. So wie ein Buchhalter seine Zahlen kennt, kenne ich meine Familie.

Ich glaube zum Beispiel auch, dass unser dritter Sohn ein schlechter Schläfer ist. Zumindest wenn ich das neutral betrachte oder aus der Sicht, die ich damals hatte, als unser erstes Baby zur Welt kam. Er hat mit zehn Monaten noch nie durchgeschlafen. Das Höchste waren zweimal fünf Stunden am Stück. Nachts kam er von Anfang an viele Male zum Stillen und trank später nach dem Abstillen zwischen 19 und 6 Uhr bis zu drei große Flaschen. Aber wisst ihr was, ich denke gar nicht darüber nach, ob ich einen »schlechten Schläfer« habe oder nicht. Eigentlich ist es auch egal, ob ich nachts vom Baby oder den anderen beiden oder allen dreien geweckt werde. Das sind nun mal die

Jahre, in denen nachts Action herrscht. Wenn ich gefragt werde, wie er schläft – und danach werden Mamas oft gefragt, sehr oft –, dann antworte ich einfach:»Naja, es ist halt ein Baby. Er meldet sich schon oft.« Und damit ist das Thema für mich erledigt. Ich erinnere mich gut daran, wie ich damals, beim ersten Kind, alle Mamas beneidet habe, deren Kinder früh durchschliefen. Ich habe nach Erklärungen gesucht, warum meiner das nicht tut und alles Mögliche ausprobiert. Was habe ich mir für einen Stress gemacht. Inzwischen haben mir vielleicht einfach zu viele Mamas erzählt:»Also im ersten Jahr schlief sie ja eigentlich immer durch, aber das hat irgendwann aufgehört und seit sechs Monaten kommt sie nachts so oft ...«, dass ich auf Durchschlafen einfach nichts mehr gebe. Es ist auch egal. Das ist einfach nicht wichtig. Wenn ihr müde seid, geht abends früh ins Bett. Das mache ich auch oft. Diese Zeiten gehen aber vorbei und irgendwann schlafen sie dann auch durch.

Des Weiteren glaube ich, dass das Baby, zumindest phasenweise, auch ein schlechter Esser war. Kein Wunder, wenn man nachts drei Flaschen trinkt. Er isst gerne in Gesellschaft seiner Brüder. Die sind aber beim Mittagessen normalerweise nicht dabei, weil da noch Kindergarten ist. Nur in meiner Gesellschaft schien es dem Herrn nicht zu schmecken und er begnügte sich mit neun Monaten gerne mit drei Stücken Avocado oder vier Löffeln Brei. Auch da wäre ich beim ersten Kind verzweifelt und hätte Rat bei anderen Mamas gesucht, wie ich ihn denn zum Essen bekomme. Inzwischen denke ich, dass Kinder dann essen, wenn sie hungrig sind. Ich biete oft genug etwas an und wie sagt der Volksmund so schön: Am vollen Tisch ist noch kein Kind verhungert. Irgendwann habe ich vielleicht auch genug Kraft und Energie, ihm die Flaschen nachts abzugewöhnen. Dann hat er sicher auch tagsüber mehr Hunger. Aktuell passt es so, wie es ist, und ich habe keine Lust auf nächtliche Schreiattacken. In dieser Hinsicht bin ich wirklich entspannt und auch wenn es nicht immer rund läuft, bleibe ich ruhig. Diese Ruhe strahle ich sicherlich aus, zumindest nach den nicht ganz so schlechten Nächten, und das hat wiederum Auswirkungen auf die Kinder.

Ich besitze auch die Gabe, zumindest ab und zu in Ruhe eine Tasse Kaffee zu trinken, wenn die Küche noch nicht aufgeräumt ist oder ein riesiger Wäscheberg auf mich wartet. Ich kann entspannt an diesem Buch hier schreiben, wenn ich eigentlich die Betten neu beziehen müsste oder während das Baby einen Schrank ausräumt, an den es eigentlich nicht sollte, weil ich später ewig zum Wegsortieren brauche. Auf dem Heimweg von der Arbeit zum Kindergarten habe ich die erste Hälfte des Weges meistens geschäftlich telefoniert und mich dann aber oft auf einen Parkplatz an einer Bundesstraße gestellt und zehn Minuten geschlafen. So kam ich zwar eher am Ende der Abholzeit zum Kindergarten, hatte den Akku für nachmittags aber wieder aufgeladen.

Probiert es mal aus, es ist gar nicht so schwer, sich selbst etwas Gutes zu tun und etwas Ruhe und Entspannung in seinen Alltag zu bringen. Der Großteil beruht auf unserer inneren Einstellung. Ich erlaube mir zwischendurch kleine Pausen. Ich leiste genug und weiß, dass mein Körper diese Erholung braucht. Ihr allein bestimmt, wann und wie ihr euch kleine Auszeiten nehmen könnt.

Die wichtigsten Gedanken in Kürze

- Oft ist nicht die Situation an sich das Problem, sondern unsere Einstellung dazu.
- Was sollte uns tatsächlich in Stress versetzen und wann können wir auch mal Fünfe gerade sein lassen?
- Nur ihr allein könnt Tempo rausnehmen, Dinge entspannter angehen und euch mehr Pausen schenken. Also, es liegt in eurer Hand!

An manchen Tagen ist es einfach die Hölle

Aber gute Ratschläge hin oder her – an manchen Tagen könnte ich die Kinder, meine Kinder, zum Mond schießen. Oder noch besser: Dann wünsche ich mich dorthin. Allein, ganz weit weg, das wäre es dann. Dort hätte ich meine Ruhe. Kein Gezicke, keine Streitereien. Ich wäre nicht für die Wäsche von fünf Personen zuständig. Ich müsste mir nicht jeden Tag aufs Neue ein leckeres Essen überlegen, das mit großer Wahrscheinlichkeit auf harte Kritik stieße. Ich müsste nicht auf Knien durchs Zimmer rutschen und Matchboxautos, Papierschnipsel und Playmobil unter der Couch hervorfischen. Keine Fragen in Endlosschleife beantworten. Sondern einfach nur ich sein, für mich allein.

Wir alle kennen diese Tage. Sie lasten tonnenschwer auf unseren Schultern. Ich bin dann oft einfach nur genervt von unseren Kindern und unserem Alltag. Das kann sein, weil ich total übermüdet bin, oder es kann auch aus heiterem Himmel kommen. Leider kann man so eine Laune nicht bei allen Frauen im Umfeld aussprechen, denn ich hätte es mir ja schließlich so ausgesucht. Ja, klar, ich wollte es so. Und doch bin ich an diesen besagten Tagen schon zehn Minuten nach dem Abholen im Kindergarten genervt und ungeduldig. Ach, was schreibe ich, schon nach fünf Minuten. Ich zähle an diesen Tagen die Stunden, bis endlich Bettgehzeit ist, und vermisse mein altes Leben. Ich vermisse meine Selbstbestimmtheit von früher, mein sorgenfreies Leben, an dem ich mich nur um mich kümmern musste. Ich liebe meine Kinder über alles und würde auch an diesen Tagen mein Leben für die kleinen Knöpfe geben. Aber kein Mensch ohne Kinder kann sich vorstellen, wie es ist, wenn Tag und Nacht jemand an einem zerrt. Wenn die Wäschetonne niemals leer ist und man jeden Tag für den reibungslosen Ablauf des Tages, für das Essen, für saubere Popos und für die Ordnung zuhause zuständig ist. Deshalb sage ich es euch, mit gesundem Menschenverstand und zum Glück auch mit dem Segen Gleichgesinnter, bei denen ich dann auch jammern kann: Es darf solche Tage geben, an denen man genau so empfindet.

Kein Mensch könnte im Erwachsenenalter seine Mama, seinen Opa oder seine Geschwister mit so einer Intensivität tagtäglich um sich haben, ohne einen Nervenzusammenbruch zu bekommen. Und kein Erwachsener geht jeden Tag mit ungetrübter Freude und maximaler Motivation zur Arbeit. Jeder darf durchhängen, jeder darf sich durch einen Tag schleppen und jeder darf sich auf den Feierabend freuen – auch und gerade wir Mamas. Gesteht es euch ein, bringt den Tag irgendwie über die Bühne und morgen geht's dann sicher wieder besser. Belohnt euch abends nach dem überstandenen Tag irgendwie. Ruft eine Freundin an und jammert ordentlich. Geht in die Wanne oder früh ins Bett. Oder beides.

Bei mir sind es immer einzelne Tage und so kenne ich es auch von meinen Freundinnen. Am Tag danach geht's schon wieder und wir sind eigentlich froh, die kleinen Biester zu haben. Sind es bei euch mehrere Tage hintereinander? Oder habt ihr diese Gefühle öfter? Dann sucht euch Unterstützung. Sprecht mit eurem Haus- oder Kinderarzt darüber. Vielleicht wird es Zeit für eine Mutter-Kind-Kur oder ihr findet gemeinsam eine andere Möglichkeit, den Akku wieder voll zu bekommen! Denn nichts ist schlimmer, als solche Warnsignale zu ignorieren und darauf zu warten, dass es von allein besser wird. Wir selbst sollten etwas ändern, damit wir genügend Reserven für anstrengende Tage haben. Und das funktioniert am besten, indem wir Dinge tun, die uns selbst Spaß machen.

Die wichtigsten Gedanken in Kürze

- An manchen Tagen lähmen mich meine täglichen Routinen und ich komme mir wie im Hamsterrad vor. Ich bin schlecht gelaunt, die immer wiederkehrende Arbeit erdrückt mich und ich wünsche mir schon gleich nach dem Frühstück die Bettgehzeit der Kinder herbei.
- Das ist okay. Es gehört dazu. Wir Mamas dürfen auch »Null Bock«-Tage haben. Bringt einen solchen Tag irgendwie hinter euch und gönnt euch abends etwas Schönes. Morgen ist ein neuer Tag. Da sieht es gleich wieder besser aus.
- Wenn ihr derartige Tage häufiger habt, überlegt euch unbedingt, wie ihr mehr Entspannung in euren Alltag bringen könnt. Denn die Work-Life-Balance ist nicht nur für Berufstätige wichtig.

Zusammen sind wir stark: Sucht euch ein Rudel

Ich habe einen Artikel einer australischen Bloggerin zu diesem Thema gelesen, der mich sehr beeindruckt hat. Er handelte in etwa davon, dass wir Mamas uns Gleichgesinnte suchen sollen – sprich ein Rudel. Weil man zusammen stark ist. Nicht umsonst gibt es auch diesen Spruch, dass es ein ganzes Dorf benötigt, um ein Kind großzuziehen. Denn gemeinsam schafft man Sachen, die man sich allein nicht freiwillig antun würde.

Ich bin zum Beispiel einmal mit meinen drei Jungs und zwei Freundinnen und deren kleinen Kindern in ein Puppentheater gegangen. Das klingt auf den ersten Blick nach einem Ausflug, den man auch als Mama allein mit drei Kleinkindern schaffen sollte. Mir gingen im Vorfeld abertausend mögliche Probleme durch den Kopf. Die erste Hürde war mein Jüngster, damals erst vier Monate alt. Was werde ich mit den beiden Großen machen, wenn er schreit und rausmöchte, weil es ihm zu laut ist? Was ist, wenn ich wickeln gehen muss oder stillen? Das würde ich nur ungerne inmitten aller anderen Besucher tun, sondern lieber hinten an der Seite. Was soll ich mit dem Baby machen, wenn der Große zur Toilette muss? Und überhaupt, soll ich dann den Mittleren mit rausnehmen aus der Vorstellung oder würde der andere allein drinbleiben? Mein Kopfkino hörte einfach nicht auf und in diesem Moment fiel mir der besagte Blog-Artikel ein, der mir im Kopf geblieben war: Sucht euch ein Rudel!

Gesagt, getan. Ich fragte zwei Freundinnen mit Kindern, ob sie mitkommen möchten, und sagte auch ehrlich, dass ich es allein nicht machen könne. So tauchten wir dort also als große Gruppe auf und wenn eine Mama mit ihrem Kind zur Toilette musste, konnte das Geschwisterkind ohne Probleme in der Vorstellung bleiben, weil noch andere Mamas anwesend waren. Ich konnte in Ruhe zwischendurch wickeln gehen und wusste, dass jemand nach den Großen schauen würde, wenn etwas sein sollte. Wow, war das ein super Gefühl. Der Ausflug war schön und am schönsten war wirklich, dass ich mich in meinem Rudel unheimlich sicher und bestens aufgehoben gefühlt habe. Es ist einfach mehr möglich, wenn man es nicht allein machen muss. Und vor allem ist alles entspannter.

Deshalb macht Ausflüge zusammen, teilt euch Fahrdienste untereinander auf und nehmt Hilfsangebote anderer Mamas an. Gerade der letzte Punkt fällt mir oft relativ schwer, obwohl ich selber auch immer anderen Hilfe anbiete und mich wirklich freue, wenn diese angenommen wird. Aber irgendwie habe ich häufig das Gefühl, dass ich damit Schwäche zeige, wenn ich mir helfen lasse. So ein Quatsch! Wie oft sage ich mir das und ich hoffe, dass ich das irgendwann auch verinnerlicht habe. Denn es ist kein Zeichen von Schwäche, sondern das ganz normale Verhalten eines funktionierenden Rudels, dass jeder mit anpackt, dass jeder mithilft. Heute stemmt vielleicht eine Freundin mehr, in zwei Wochen dafür ich. In einem Rudel wiegt man das nicht auf. Was für ein unglaublich schönes Gefühl. Deshalb, Mädels: Tut euch zusammen, gemeinsam schafft man leicht, was einem allein noch unmöglich scheint.

 Die wichtigsten Gedanken in Kürze

- Es braucht ein Dorf, um ein Kind großzuziehen – kennt ihr dieses Sprichwort auch?
- Gemeinsam als Rudel schaffen wir Mamas Sachen, die wir uns allein mit den Kindern nicht zutrauen würden.
- Organisiert euch und tut euch für Ausflüge oder Fahrten zur Sportstunde zusammen. Helft euch gegenseitig!

Im Hamsterrad:
Wie lädst du deinen Akku auf?

Wir Mamas sind immer in unserem Alltag gefangen, der vielen wie ein Hamsterrad vorkommt. Wir sind stets gefordert, haben kaum Zeit für uns und müssen deshalb unbedingt regelmäßig für Auszeiten sorgen. Früher, vor den Kindern, hatten wir vielleicht einen Vollzeit-Job und sind in unserer Freizeit gerne zum Sport, in Restaurants oder Volkshochschulkurse gegangen. Oder wir haben uns zum Shoppen mit Freundinnen getroffen. Ach ja, die guten alten Zeiten! Das geht mit kleinen Kindern so nicht mehr. Daher müssen wir aktiv Auszeiten einplanen, um unsere Akkus regelmäßig wieder aufzuladen. Mein Mann und ich hatten beim Großen recht schnell – sofern es zum Still-Rhythmus passte – daran gearbeitet, dass wir alle beide unseren Sohn ins Bett bringen können. Das war teilweise von Protestgeschrei begleitet, das leugne ich nicht. Aber was kann es Besseres geben, als wenn der Papa, der beruflich oft viel unterwegs ist, aktiv daran arbeitet, dass die Bindung wächst? Daher finde ich es wichtig, dass wir als Mamas das fördern. Auch wenn die Kinder nicht von der ersten Sekunde an davon begeistert sind. Es ist nachvollziehbar, wenn ein Kind das komisch findet, weil die Mama in den ersten Lebensmonaten allein schon durch das Stillen die tragende Rolle gespielt hat und dass dieser Prozess vielleicht etwas Zeit braucht. Aber vergesst nicht: Das Baby ist in den Armen des Papas, dessen Stimme es noch aus dem Bauch kennt, und weiß, dass dieser Papa dazugehört. Darum haltet euch als Mama am besten zurück und nehmt das Kind nicht zu früh wieder zu euch. Gebt dem Papa und dem Kind Zeit, sich kennenzulernen und ihr eigenes Bett-Ritual zu entwickeln. Nicht zuletzt hilft es allen, wenn ihr einmal kurzfristig abends nicht zuhause sein könnt und das Kind auch schon dran gewöhnt ist, vom Papa ins Bett gebracht zu werden. Außerdem hilft es auch sehr, wenn ihr es wie ich macht und dadurch regelmäßig einen Abend pro Woche ausgehen könnt! Denn auch gesunder Egoismus, also sich mal abends das Ausgehen zu erlauben, darf und muss sein als junge Mama. Wie sonst sollen wir langfristig im Gleichgewicht bleiben?

Als mein Mann und ich ein Kind hatten, habe ich mich einmal die Woche verabschiedet, wenn er von der Arbeit zurück und »angekommen« war. So hatten Papa und Sohn noch etwas Zeit zusammen und ich konnte mich in Ruhe mit einer Freundin treffen, das Late-Night-Shopping nutzen oder in die Sauna gehen. Ich bin abends auch dann weggegangen, wenn unser Sohn protestiert hat. Schließlich blieb er bei seinem Papa und keinem Wildfremden. Nach einem kurzen Abschiedsschmerz hat er sich auch immer beruhigt, wenn ich dann wirklich weg war. Tut euch allen den Gefallen und zieht den Abschied nicht unnötig in die Länge; das hilft letztendlich keinem. Es ist wie der Abschied im Kindergarten oder wenn das Kind eine Nacht bei Oma und Opa übernachtet: Solange die Mama in Sichtweite ist, wird getestet, ob sie bei Protest vielleicht nicht doch bleibt. Ist sie erst einmal gegangen, kann man das Ganze als Kind auch genießen.

Da mein Mann immer viel unterwegs ist, haben wir einen festen Abend ausgemacht, an dem ich weggehen konnte. Das war bei uns lange Zeit der Donnerstag. Er hat entsprechend versucht, seine Termine so zu legen, dass er spätestens um 18:15 Uhr zuhause war. Ich habe im Gegenzug versucht, den Großen – bzw. später die beiden Großen – schon umzuziehen, damit er eher mit Genießen als mit Alltagsaufgaben beschäftigt sein konnte. Wenn eine Freundin Zeit hatte, bin ich gerne mit ihr essen oder shoppen gegangen. Und es war ein netter Zufall, dass die Einkaufsgalerie unserer Stadt ausgerechnet donnerstags bis 22 Uhr geöffnet hatte. Wenn ich keinen zum Verabreden finden konnte oder auch keine Lust auf jemanden hatte, habe ich auch allein eine kleine Einkaufstour gemacht oder bin in die Sauna. Ab und an habe ich mir dazu noch eine schnelle Thai-Massage gegönnt. Im Sommer verabredete ich mich auch zum Walken oder Spazierengehen, teilweise nahm ich an einem Sport-Kurs teil. An der Volkshochschule geht das beispielsweise immer zehn- oder zwölfmal, so muss man sich praktischerweise nicht auf ewig vertraglich binden. Oder ich bin einfach entspannt zum Supermarkt gefahren und habe den wöchentlichen Großeinkauf gemütlich erledigt. Es klingt vielleicht etwas komisch, aber das war durchaus erholsam für mich und auch eine wirkliche Auszeit. Ihr seht, da ist einiges drin! Seit Nummer drei auf der Welt ist, wohnen wir allerdings nicht mehr in der Stadt, sondern etwa 30 Minuten entfernt, in einem kleinen Dorf. Da ich nicht jede Woche so weit fahren kann, treffe ich mich nicht mehr ganz so oft mit anderen Mädels. Zumal die teilweise auch familiär stärker eingebunden sind inzwischen und selber nicht mehr so oft rauskommen. Daher habe ich nun keinen festen Ausgehtag mehr und versuche mich einfach frühzeitig mit Freundinnen für einen Abend zu verabreden.

Wie könntet ihr im Rahmen eurer Möglichkeiten euren Akku wieder aufladen? Was tut euch gut? Was mögt ihr? Was fehlt euch aktuell vielleicht am meisten aus eurem Leben vor den Kindern? Helfen euch eher feste Abende wie bei mir oder würde es spontan besser klappen? Was sorgt für weniger Reibung in der Organisation und für entsprechend mehr Entspannung? Mögt ihr eher eine Sporteinheit oder tut es euch gut, eine Freundin zu treffen? Möglicherweise wollt ihr auch eher komplett allein sein? Denn gerade das kommt bei Mamas oft zu kurz und vielleicht fehlt euch genau das. Hört in euch hinein und macht es dann so, wie es sich für euch am besten anfühlt.

Die wichtigsten Gedanken in Kürze

- Ich lade meinen Akku an meinem wöchentlichen Ausgehtag wieder auf und genieße die Zeit außer Haus.
- Dabei überlege ich mir vorab, ob mir diesmal eher nach Gesellschaft ist oder nach Alleinsein, eher nach Entspannung oder Auspowern.
- Fragt euch: Wie könnt ihr euren Akku im normalen Alltagstrott regelmäßig aufladen?

Was bist du dir wert?

Am Schluss noch ein Thema, das mir ganz besonders wichtig ist. Was seid ihr euch wert? Wie oft habe ich bei anderen Mamas mitbekommen, dass sie es wegen der Kinder teilweise tagelang nicht schaffen, sich die Haare zu waschen oder sich morgens etwas zu schminken. Obwohl sie es so gerne täten. Die nur von A nach B hetzen und sich selbst dabei komplett vergessen. Wenn das bei euch so ist und ihr damit zufrieden seid, ist mein Rat für euch hinfällig. Aber nicht alle Frauen sind glücklich mit so einer Situation und das ist so schade. Denn vergesst es nicht, diese Jahre mit unseren kleinen Kindern sind eigentlich unsere besten. Wir sind jetzt etwa in den Dreißigern oder Vierzigern. Wie wunderbar. Wir sind weder naive 20 noch plagen uns irgendwelche Alterszipperlein. Wir sind fit, nicht gebrechlich, oftmals finanziell unabhängig, erfahren – die Naivität der frühen Zwanziger ist meistens weg –, was uns vorzüglich steht. Darum: Vergesst euch selbst nicht. Stellt euch nicht immer ganz hinten an. Pflegt euch, macht Sport und macht euch hübsch. Entdeckt euch nicht erst dann wieder, wenn die Kinder aus dem Haus sind. Falls die Zeit ab und zu knapp ist, kann ich euch beispielsweise Trockenshampoo ans Herz legen. Das macht aus Haaren, die man dringend waschen sollte, in Sekunden eine hübsche Mähne mit viel Volumen. Ich liebe dieses Zeug! Es gibt immer Mittel und Wege, um auch in kürzester Zeit etwas für sich selbst zu tun.

Nicht zuletzt beginnt hier und heute auch unsere Gesundheitsvorsorge für das Alter. Denn genau jetzt beugen wir Alterskrankheiten und Zipperlein vor – mit Bewegung und abwechslungsreichem Essen. Ihr wollt sicher alt werden, eure Kinder aufwachsen sehen, miterleben, wie sie heiraten, und vielleicht sogar eure Enkelkinder kennenlernen? Deshalb: Findet Wege und Ideen, euch wertzuschätzen.

Shopping: Wenn ihr keine Zeit habt, in der Stadt zu shoppen, bestellt im Internet eine schöne Auswahl zu euch nach Hause.

Sport: Wenn ihr nicht aus dem Haus kommt, um Sport zu treiben, kauft euch DVDs, macht ein Online-Programm, schaut entsprechende YouTube-Videos oder lasst zumindest das Auto bei jeder Gelegenheit stehen und erledigt vieles zu Fuß. Wenn ihr allein keine Lust habt, ladet andere Mamas vormittags zu euch ein. Macht Sport und lasst die Kinder spielen. Stellt den Kids in der Zeit etwas zu knabbern hin. Oder ein tolles Spielzeug, das blinkt und sie beschäftigt. Es muss ja keine lange Einheit sein, auch in 20 Minuten schafft man schon einiges. Trinkt danach zusammen einen Kaffee und feiert euch.

Beauty: Wartet nicht auf den einen Anlass, um euch hübsch zu machen. Warum nicht auch ein bisschen Glitzer im Alltag? Es müssen keine High Heels oder das kleine Schwarze sein. Aber sucht euch Sachen aus, die ihr gerne tragt und die euch guttun.

Hobbys: Wenn eure alten Hobbys mit euren Kindern nicht zu vereinbaren sind, seid mutig und sucht euch neue. Alles ist besser, als die nächsten zehn Jahre nur auf der Couch zu sitzen.

Abwechslung: Wenn ihr euch daheim mit den Kindern unterfordert fühlt, sucht euch anderen Ansporn für eure grauen Zellen. Macht es vielleicht wie ich und schreibt ein Buch. Ich verspreche euch, ich kaufe es, wenn ihr mir schreibt, dass ihr es aufgrund meines Aufrufs hier macht. Oder fangt an zu nähen oder stricken oder häkeln oder Motivtorten zu backen oder Fahrräder im Keller zu reparieren oder Modellautos zusammenzubauen. Wenn ihr Lust habt, meldet ein Gewerbe an (das kostet im Bürgerbüro normalerweise weniger als 30 Euro) und verkauft diese Sachen in kleinem Stil. Vergesst aber natürlich nicht, euch vorher zu informieren, was dabei zu beachten ist.

Nichtstun: Wenn es euch nicht gut geht, macht zwei, drei Tage wenig im Haushalt, packt die uralte Gammelhose aus und legt euch abends mit einer Tüte Chips auf die Couch. Lasst euch hängen, trösten – ladet eure Batterien auf. Und entdeckt euch dann wieder neu. Seid es euch wert, dass ihr euch dann wieder pflegt, und kümmert euch gut um euch. Das tut ihr schließlich auch tagtäglich für eure Kinder, nicht wahr? Weniger seid ihr ganz bestimmt nicht wert.

Auszeiten: Wenn ihr keine Lust habt, zum hundertsten Mal Lego zu bauen oder Bücher vorzulesen, macht es an einem Tag einfach mal nicht. Denn es gibt euch auch noch als Person und nicht nur als Mama. Wir müssen nicht immer bedingungslos funktionieren. Wir dürfen keine Lust haben und uns Auszeiten nehmen. Das müssen wir sogar, um langfristig fit und einsatzbereit zu bleiben. Die Kinder lieben euch, wenn ihr ihnen ein ausgeglichenes, aktives Leben vorlebt. Sie lieben euch nicht, wenn ihr alles bedingungslos aufgebt und eure Bedürfnisse nicht mehr wahrnehmt.

Kreativ sein: Wenn irgendetwas scheinbar nicht geht, sucht Wege, um es möglich zu machen. Vielleicht in einer anderen Form, aber irgendwie muss es doch gehen. Gebt nicht so schnell auf.

 Die wichtigsten Gedanken in Kürze

- Kümmert euch gut um euch selbst und stellt eure Bedürfnisse nicht immer hinten an.
- Wenn ihr nicht glücklich seid, ändert etwas. Das müsst ihr selbst tun. Das macht kein anderer für euch!
- Genießt das Leben. Heute, hier und jetzt. Nicht erst später, irgendwann, wenn die Kinder größer sind. Es ist uns nicht allen vergönnt, 60 Jahre oder älter zu werden.

...manchmal braucht man Omas Hausmittelchen

Kapitel 7
Die liebe Gesundheit

Beckenboden: Bekomme ich den jemals wieder fit?

Der Beckenboden einer Frau leidet durch Schwangerschaft und Geburt oft sehr. Viele Frauen bemerken die Probleme erst Jahre später, wenn sie beispielsweise nicht mehr Trampolin springen können, ohne Pipi zu verlieren, oder bei einem schlimmen Husten plötzlich undicht sind. Meine Tipps könnt ihr nicht nur direkt nach einer Geburt anwenden, sondern auch noch Jahre danach.

Der Beckenboden ist, vereinfacht gesagt, ein riesiges Muskelpaket, das sich wie ein Netz im Becken aufspannt und die Organe an Ort und Stelle hält. Darüber hinaus sorgt es auch dafür, dass wir Pipi, Pupse und große Geschäfte gut halten können. Da es sich um Muskelgewebe handelt, kann man den Beckenboden in den meisten Fällen allein gut trainieren. Wann ihr die Übungseinheiten erstmalig startet, ist eigentlich egal. Oft machen wir Frauen das dann, wenn wir beispielsweise das Pipi schon nicht mehr so gut halten können, beim Niesen oder Husten etwa. Vielleicht habt ihr auch eine Freundin, die euch irgendwann fragt: Wie war das eigentlich bei dir nach der Geburt? Hattest du auch diese Probleme mit deinem Beckenboden? Und wie hast du das wieder in den Griff bekommen? Dann gebt ihr einfach das Buch und verweist auf dieses Kapitel. Mit besten Grüßen von mir!

Ich selbst hatte in vier Jahren drei natürliche Geburten (alle Kinder waren mit 3700, 4000 und 4600 Gramm nicht gerade zierlich und ich bin ein kleines »Hüpferchen« von 1,61 Meter). Mein Beckenboden war nach der dritten Geburt extrem ausgeleiert. Das riesige Gewicht meines dritten Sohnes in Kombination mit den drei Schwangerschaften und Geburten in kurzer Zeit führten zu einer desaströsen Situation: Ich hatte eine schlimme Blasensenkung! Die Blase hing unten aus der Scheide heraus, weil der Beckenboden sie nicht mehr oben halten konnte – eine richtig unangenehme Sache, die mir nicht nur mental sehr zugesetzt hat. Auch jetzt fällt es mir noch schwer, das so offen aufzuschreiben. Ich weiß nicht, ob einfach keiner drüber spricht oder dieses Problem wirklich sehr selten ist. Denn andere Betroffene kenne ich nicht. Und Hilfe in dieser Zeit habe ich leider kaum erfahren. Die Hebammen, die ich kennengelernt habe, waren nicht auf Beckenbodenprobleme spezialisiert und hatten eher durchschnittliche Übungen fürs Wochenbett im Angebot. Obendrein waren das immer welche, für die man eine spezielle Gymnastikeinheit einlegen musste. Aber wer hat dazu schon Zeit? Ich habe leider keine bewährten Tipps für den Alltag bekommen, die man einfach nebenher hätte anwenden können – und gerade das muss bei Beckenbodenproblemen unbedingt sein. Denn eines kann ich euch sagen: Ihr könnt euren Beckenboden wieder fit bekommen, aber nur mit viel Konsequenz und regelmäßigem Training.

Wenn euer Beckenboden direkt nach der Geburt im Argen liegt, sind hier ein paar Tipps, die sich bei mir bewährt haben:

Macht euch bewusst, dass euer Körper
Zeit braucht, um zu heilen.

Unterstützt euren Körper dabei: Legt euch regelmäßig hin (besser nur für fünf Minuten als gar nicht). Vergesst nicht: Stillen hält die Muskeln (woraus der Beckenboden, wie gesagt, besteht) weich, und merklich besser wird es oft erst nach dem Abstillen. Denn erst dann gewinnt der Beckenboden seine Stärke zurück. Jede Minute, die ihr nicht auf den Beinen verbringt, entlastet ihn. Das Gewicht der inneren Organe drückt dann nicht nach unten auf den Beckenboden. Auf diese Weise gönnt ihr ihm eine Pause und bekommt ihn langfristig wieder fit.

Bekniet euren Frauenarzt bei größeren Problemen um ein Rezept für Physiotherapie. Da ist oft Überzeugungsarbeit notwendig. Bleibt dran und kämpft dafür! Zur Not ruft bei der Krankenkasse an und lasst euch beraten. Dann sucht euch eine richtig gute Physiotherapeutin, die allerhand Tipps und Übungen parat hat und im besten Fall auf Beckenbodenprobleme spezialisiert ist. Ich hatte mein Baby bei diesen

Terminen sogar dabei. Wenn die Kinder klein sind, ist das meistens kein Problem. Doppeltermine ersparen euch unnötige Fahrerei, falls die Praxis weiter weg sein sollte.

Nehmt die Rückbildung ernst. Mir persönlich hat CANTIENICA® sehr gut geholfen, eine Methode für Körperform und Haltung. Das musste ich zwar selbst bezahlen, es ist in meinen Augen allerdings effektiver als die Standard-Rückbildung bei mancher Hebamme. Viele Mütter machen auch gute Erfahrungen mit Rückbildungs-Yoga. Was wird in eurer Nähe angeboten? Ich musste lange recherchieren, bis ich den für mich passenden Kurs gefunden hatte. Seid offen und investiert Zeit in dieses wichtige Thema. Kümmert euch am besten schon während der Schwangerschaft darum. Gerade dann, wenn richtig gute Angebote schwer zu finden sind, können diese wenigen Plätze oft früh ausgebucht sein. Sucht darum eventuell schon während eurer Schwangerschaft ein entsprechendes Rückbildungsprogramm.

Ansonsten könnt ihr jederzeit Beckenbodentraining in euren Alltag integrieren. Wenn ihr plötzlich Probleme bekommt und etwa bemerkt, dass ihr zum Beispiel Pipi nicht mehr so gut halten könnt, ist der Schrecken oft groß. Die Lösung ist dennoch einfach: Mit ein wenig Durchhaltevermögen und den richtigen Übungen bekommt ihr euren Beckenboden schnell wieder fit. Die folgenden Tipps habe ich in den letzten Jahren von Freundinnen und Hebammen erhalten. Ich empfinde sie als sehr effektiv und sie haben mir sehr bei meinem Heilungsprozess geholfen. Lange habe ich nach einer einfachen Liste mit sofort anwendbaren Tipps gesucht. Gefunden habe ich sie nicht … Um euch die langwierige Recherche zu ersparen, hier meine Lieblingsstrategien in aller Kürze:

Bewahrt auch im Alltag möglichst immer eine gute Haltung: Die einfachste Übung ist eine der schwersten: Macht den Rücken gerade, kippt das Becken nicht nach vorne. Spannt die Bauchmuskeln in eurer Vorstellung als Kreuz an (den Bauchnabel einziehen und dann vom Bauchnabel ausgehend zwei Bänder je an einer Rippen- und einer Beckenseite verankern, sodass mit dem gedachten Band ein Kreuz entsteht). Überprüft diese Haltung bei allen stehenden Tätigkeiten: beim Wickeln, Gemüseschneiden, Kochen.

Hebt möglichst nichts Schweres: Gerade Kinder müssen wir Mamas natürlich öfter mal auf den Arm nehmen, da hilft nichts. Die Einkäufe im Auto können allerdings auch warten, bis der Vater am Abend daheim ist. Wenn ihr doch einmal etwas Schweres hochnehmen müsst: Vorm Anheben unbedingt immer den Bauchnabel einziehen und die Bauchmuskeln im Kreuz verankern.

Tipp: Die Einkäufe schon beim Einladen im Supermarkt in zwei Taschen unterteilen: »Muss kühl gelagert werden« und »Kann im Auto bleiben«. Die letztere Tasche ist meistens die schwerere und sollte von jemand anderes getragen werden.

Baut feste Trainingsgewohnheiten in den Alltag ein: Es ist egal wo – auf die Regelmäßigkeit kommt es an. Ihr könnt beim Ausräumen der Spülmaschine, an jeder roten Ampel, beim Zähneputzen oder unter der Dusche mehrmals euren Beckenboden anspannen und wieder loslassen. Falls ihr nicht so genau wisst, wie das gehen soll: Stellt euch einfach vor, dass ihr mit eurer Scheide ein paar Gänseblümchen pflückt oder Gras rupft (entweder abwechselnd einen einzelnen Halm oder ein ganzes Büschel – beide Übungen haben verschiedene Trainingseffekte).

Eine sichtbare Erinnerung macht es euch unmöglich, das Training zu vergessen: Ich habe einen farbigen Schlüsselanhänger in der Besteckschublade liegen und denke so jedes Mal an das Mini-Training, wenn ich die Schublade öffne. Es könnte genauso gut ein Anhänger im Auto oder ein Symbol im Garderobenschrank sein. Nehmt etwas, das wirklich ins Auge sticht. Um einen Gewöhnungseffekt zu vermeiden, wechselt den Gegenstand von Zeit zu Zeit aus.

Haltet den Kinderwagengriff beim Schieben von unten: Dadurch lauft ihr gerade und der Beckenboden wird angespannt und trainiert.

Erledigt vieles auf Zehenspitzen: Geschirr abtrocknen, Zähneputzen, Wickeln, Gemüseschneiden – das alles ist möglich. Dabei am besten noch sanft hin und her wiegen und währenddessen auch unbedingt immer wieder die Haltung überprüfen.

Schaut beim Niesen und Husten nach hinten oben über die Schulter: So könnt ihr den Druck auf euren Beckenboden mindern.

Nehmt auf der Toilette die richtige Haltung ein: Gerader Rücken während des Pipis, runder Rücken bei größeren Angelegenheiten. Drückt dabei so wenig wie möglich. Trinkt immer viel, damit der Druck während des Stuhlgangs so gering wie möglich ist.

»Hula-Hoop«-Training: Lasst die Hüften kreisen, Mamas! Das Training mit dem Reifen stärkt nachweislich den Beckenboden sowie die Bauch- und Rückenmuskulatur. Lasst euch beraten, es gibt verschiedene Größen und Gewichte.

Tragt ab und zu Absatzschuhe: Das Tragen von Absatzschuhen kann den Beckenboden kräftigen. Da man in hohen Schuhen automatisch die gerade Haltung ohne abgeknickte Hüfte einnimmt, führt dies zu einem »aktivierten« Beckenboden. Als ich das gelesen habe, musste ich schmunzeln. Ich selber trage mittlerweile nur alle paar Monate hohe Schuhe – das am liebsten so kurz wie möglich. Danach tut mir so ziemlich jeder Zentimeter meines Körpers weh. Für mich scheidet dieses Training, wie ihr seht, aus. Aber vielleicht zieht ihr ja öfter Absatzschuhe an und könnt von diesem Trainingseffekt profitieren?

Generell können auch die richtigen Sportarten helfen, den Beckenboden zu trainieren. Das bringt uns auch direkt zur nächsten Frage: Wie hat man mit Kindern noch Zeit für Sport?

Die wichtigsten Gedanken in Kürze
- Nichts Schweres tragen, wenn es nicht unbedingt sein muss.
- Gerade Haltung einnehmen, Bauch einziehen und anspannen.
- Ohne zusätzlichen Zeitaufwand Beckenboden-Übungen in den Alltag integrieren.

Sport: Wie fit bleiben mit drei kleinen Kindern?

Bevor unsere Kinder geboren wurden, hatten wir Frauen für gewöhnlich mehrmals pro Woche Zeit für ausgiebige Laufeinheiten, Training im Fitnessstudio oder sonstiges Training. Aber wie macht man das mit einem oder gleich mehreren Kindern? Das Prinzip ist einfach: Löst eure Vorstellungen los von der Zeit, als ihr noch frei und ungebunden wart und den Tag nach eurem Bedürfnis planen konntet. Ich plane den Sport um die Bedürfnisse meiner Kinder und um meinen arbeitenden Mann herum. Das heißt, Sport wird dann eingeschoben, wann immer er gerade passt. Wenn du einen Babysitter hast, ist das natürlich einfacher und du kannst dir regelmäßig die ein oder andere Stunde nehmen, um deinem Hobby nachzugehen. Ohne Oma oder einen Babysitter, wie in meinem Fall, sieht das schon wieder ganz anders aus. Ich kann somit erst zum Sport los, wenn mein Mann abends heimkommt. Das ist oft spät und aufgrund seiner langen Pendelstrecke auch leider nicht gut planbar. Ich bin eine Zeit lang montags um 20:30 Uhr zum Pilates gegangen. Gerade in den Wintermonaten war das sehr hart: Die Kinder stehen nicht selten schon um 5:30 Uhr auf und da fällt es natürlich schwer, sich abends um 20 Uhr noch für ein Workout aus dem Haus zu schleppen. Glücklicherweise habe ich Freundinnen gefunden, die den Kurs mitgemacht haben. Dadurch fiel es mir leichter, mich aufzuraffen.

Ansonsten schiebe ich kleine sportliche Einheiten ein, wann immer das geht: Sobald ihr nach einer Geburt von eurer Hebamme oder eurem Frauenarzt die Freigabe habt, macht mehrmals die Woche im Wohnzimmer fünf Minuten Bauch- und Rückentraining. Das tut nicht nur euch, sondern auch eurem Beckenboden gut! Dafür muss man sich nicht mal Sportkleidung anziehen. Ich mache das einfach auf dem Wohnzimmer- oder Kinderzimmerboden, wann immer mir der Sinn danach steht – somit liegt die Vorbereitungszeit bei null Sekunden. Und das geht übrigens auch klasse mit drei kleinen Kindern im Raum.

Mal schaffe ich vielleicht nur drei Minuten, ein anderes Mal sind es dafür ganze zehn Minuten. Ist ja eigentlich auch egal – jede einzelne Übung zählt! Überlegt einfach mal: Wenn ihr es auf diese Weise schafft, viermal pro Woche je fünf Übungen zu machen, sind das 20 Übungen in der Woche und 80 im Monat. 80 Übungen schnell nebenher, ohne sich umziehen oder den inneren Schweinehund großartig überlisten zu müssen. 80 Übungen, über die sich euer Bauch, Rücken und Nacken freuen. Natürlich ist das bei Weitem nicht so viel Sport wie damals ohne Kinder. Aber ich mache lieber 80 Übungen im Monat mit drei Kleinkindern um mich herum, als tatenlos darauf warten zu müssen, irgendwann, in ferner Zeit, wieder eine Stunde Sport am Stück machen zu können. Falls ihr euch unsicher seid, welche Übungen ihr machen könnt, besorgt euch ein paar Fitness-Videos; da gibt es heutzutage richtig tolle Sachen. Oder fragt sportliche Freundinnen nach ein paar Übungen und lasst euch direkt erklären, wie man sie korrekt ausführt.

Bei mir wurde auch noch vor vielen Jahren eine Migräne diagnostiziert. Durch regelmäßigen Sport habe ich sie viel besser im Griff. Mit Sicherheit liegt das einerseits an gelösteren Muskeln, die ich durch meinen Sport lockere. Somit habe ich weniger Verspannungen, welche Kopfschmerzen und letztendlich eine Migräneattacke auslösen könnten. Mache ich mehrere Wochen gar nichts, ist die Wahrscheinlichkeit sehr hoch, dass ich eine Migräneattacke bekomme. Für migränefreie Zeiten ist andererseits auch dienlich, dass Sport Stress abbaut, mich entspannt und dafür sorgt, dass Körper und Seele in Balance bleiben. Dass ich weniger Migräne habe, wenn ich etwas mache, motiviert mich natürlich zusätzlich, am Ball zu bleiben. Gibt es bei euch auch etwas, woran ihr deutlich merkt, dass euch regelmäßige Übungen helfen? Vielleicht weniger Verspannungen, keine Kopfschmerzen, eine bessere Verdauung, ein tieferer Schlaf oder generell eine entspanntere Einstellung? Haltet euch diese für euch wichtigen Effekte stets vor Augen und ihr werdet sehen, es fällt dann leichter, regelmäßig etwas für sich zu tun.

Geht auch viel zu Fuß. Also richtig viel. Meidet das Auto, wann immer es geht. Supermarkt-Einkäufe kann man mit einem Kinderwagen super nach Hause transportieren, wenn es sich nicht gerade um den Wocheneinkauf für vier Personen handelt. Ich habe sogar schon Tiefkühlsachen im Hochsommer laufenderweise und im Kinderwagen heimgebracht, als es 30 Grad waren. Wenn ihr kein Baby habt und somit keinen Kinderwagen, nehmt einen Rucksack mit, um alles verstaut zu bekommen.

Nachdem meine Rückbildung abgeschlossen war, konnte ich auch wieder mit Walken anfangen. Das ist nicht nur super für den Beckenboden, sondern geht zudem auch klasse mit Kinderwagen. Haltet den Griff da immer mal wieder von unten fest, dann bekommt euer Beckenboden noch mehr Festigkeit. Bei verspannten Schultern könnt ihr den Kinderwagen auch ein paar Minuten mit nur einer Hand schieben und mit der anderen die Laufbewegung ergänzen und so die Muskeln durchlockern. Einfach alle paar Minuten tauschen und schon lockert ihr eure Schultergelenke während der kleinen Tour.

An meinen Trainingstagen stecke ich übrigens bereits in Sportkleidung, wenn ich die beiden Großen in den Kindergarten bringe, und starte nach dem Abgeben direkt durch. Der Kleine liegt zu diesem Zeitpunkt sowieso schon im Kinderwagen und der innere Schweinehund hat keine Chance.

Oder nehmt die Kinder mit zum Sport. Ich war schon mit allen drei Kindern walken (die Zwerge auf dem Lauf- und Fahrrad sowie im Kinderwagen). Das ist natürlich weniger effektiv. Aber lieber ein bisschen Bewegung als gar keine und den Kindern tut die Zeit an der frischen Luft auch gut. In meinen Träumen jogge ich in ein paar Jahren – wie früher – wieder 15 Kilometer am Stück und habe ein, zwei, drei Kinder auf dem Rad neben mir, die mich unterhalten und mein Getränk transportieren. Ich gewöhne sie so frühzeitig daran, Spaß an Bewegung zu haben. Löst euch davon los, alles perfekt machen zu wollen. Mit Kindern wirft man seine Pläne und Ideen sowieso täglich über den Haufen und je weniger man daran hängt, umso besser. Und bevor ich gar nicht walken gehe, nehme ich eben alle mit.

Da ich aktuell weder Lust noch Zeit habe, ins Fitness-Studio oder zu einem Sportkurs zu fahren, nutze ich zusätzlich auch Fitness-DVDs.

Die gibt es heutzutage ja in allen möglichen Ausführungen: Zumba, Aerobic, Pilates, Krafttraining mit Gewichten, Krafttraining nur mit dem eigenen Körper als Gewicht und so weiter. Ich selber mag eine Mischung aus Ausdauer und Kräftigung gerne und habe zwei DVDs mit kurzen Programmen von 20 bis 30 Minuten, die ich gerne mache. Da muss jede für sich herausfinden, ob das etwas für sie ist und welche Sportart man am ehesten regelmäßig machen würde. Falls ihr nicht unbedingt eine DVD kaufen wollt, gibt es auch genügend YouTube-Videos zum Thema Fitness. Die DVDs lege ich entweder abends ein, wenn die Kinder im Bett sind, oder auch mal am Wochenende, wenn mein Mann zuhause ist.

Mit diesem Gesamtpaket habe ich meinen Beckenboden tatsächlich wieder fit bekommen. Es hat lange gedauert, wurde aber von Woche zu Woche besser. Die Senkung ist schon lange Vergangenheit und fünf Monate nach der Geburt ist alles wieder recht gut. Nur auf meine heißgeliebte Joggerei verzichte ich noch eine Weile und trainiere im Alltag fleißig meinen Beckenboden weiter.

Die wichtigsten Gedanken in Kürze

- Löst euch von Idealvorstellungen und davon, wie euer Training vor Geburt der Kinder aussah.
- Nutzt jede Gelegenheit für Bewegung und kleinere Übungen.
- Sport geht auch zusammen mit jüngeren Kindern.

Notfall-Apotheke: Was hast du da eigentlich drin?

Kurz vor Schluss kommen ein paar Informationen zu den Medikamenten, die ich zuhause bevorrate. Das Wichtigste ist natürlich, dass ihr immer zum Kinderarzt geht, wenn ein Befund unklar ist oder das Kind hohes Fieber hat oder schlapp rumhängt. Das ist sowieso klar, aber der rechtlichen Sache wegen schreibe ich es noch einmal kurz auf. Ich möchte auch die Gelegenheit nutzen, euch die App »MediKid« ans Herz zu legen, die ein Kinderarzt entwickelt hat. Sie ist über den jeweiligen App-Store des Handys erhältlich und kostet zwei bis drei Euro. Dafür bekommt ihr dort Informationen zu allen möglichen Themen im Bereich Kindergesundheit: Fotos zu Hautkrankheiten, welche Symptome das Kind hat und was es sein könnte, ab wann man damit zum Arzt sollte, Notfallmaßnahmen, Informationen zu bewährten Hausmitteln sowie der Hausapotheke und vieles mehr. Sprich, ihr braucht bei Fragen rund um das Thema Kinderkrankheiten nicht mehr zu googeln, sondern könnt in dieser App nachschauen. Bei Google ist das Problem einfach, dass die Aussagen nicht verlässlich sind, jeder rät ein bisschen in der Gegend herum, Fakten werden aus dem Zusammenhang gerissen und letztendlich findet man dort zu einer Ausgangslage immer alles von »ist total harmlos« bis »lass alles stehen und liegen und fahre sofort in die Notaufnahme«. Zu einem Hautausschlag findet man auf einen Schlag fünf Kinderkrankheiten, die es alle sein könnten. In der App dagegen sind alle Informationen direkt von einem Kinderarzt und ihr könnt euch auf die Aussagen verlassen. Ich bekomme für diese Werbung kein Geld, sondern empfehle sie aus freien Stücken, weil ich sie sehr gut und hilfreich finde. Ich habe Dr. Jörg Nase, den Entwickler der App, kontaktiert und ihm ein paar Fragen gestellt, die für uns Mamas von Interesse sind. Ihr findet sie zusammen mit seinen Antworten im letzten Unterkapitel des Buches.

Ansonsten hat jede Mama ihren eigenen Medikamenten-Fundus zuhause. Vieles davon kann man übrigens auf Rezept vom Kinderarzt bekommen. Am besten erkundigt ihr euch zuerst, damit ihr nicht alles auf eigene Kosten kaufen müsst. Als ich neu in der Kinder-Branche war, habe ich Freundinnen gefragt, die bereits Mamas waren, was sie zuhause lagern, und mittlerweile wurde ich schon von vielen gefragt. Es ist schön, wenn wir unser Wissen weitergeben können. So ist das in einem Rudel, oder etwa nicht?

Folgende Vorräte haben sich bei uns und ebenso in meinem Freundeskreis bewährt:

Fieber: altersentsprechende fiebersenkende Medikamente (Ibuprofen-Saft und Paracetamol-Zäpfchen), Fieberthermometer (wir haben ein normales und eines für das Ohr), Elektrolytlösung für Kinder. Eine häufige Empfehlung lautet, bei höherem Fieber zuerst Ibuprofen zu geben und es danach mit Paracetamol im Wechsel etwa alle vier Stunden zu geben. Bitte die maximale Tagesdosis der beiden Medikamente beachten und im Zweifel immer den Kinderarzt kontaktieren.

Verletzungen, Prellungen, Schürfwunden: Pflaster und Pflasterspray, nicht brennendes Desinfektionsspray, nichtsterile und sterile Kompressen, Verbände, Coolpack (bei mir liegen immer drei im Kühlschrank), je nach Überzeugung auch Arnica-Globuli. Im Wohnzimmer bewahre ich auch ein kleines professionelles Erste-Hilfe-Set sowie zusätzlich ein paar bereits zugeschnittene Pflaster auf. Denn wenn erst einmal jemand blutet, sollte alles griffbereit sein. Zusätzlich habe ich immer Pflaster in meinem Geldbeutel oder dem Wickelset, das ich unterwegs dabei habe.

Husten: Ich schwöre auf regelmäßige Inhalationen mit Kochsalzlösung. Wenn euer Kind immer wieder Bronchitis mit asthmatischen Beschwerden hat, dann bekommt ihr wahrscheinlich beim Kinderarzt ein Inhalationsgerät oder besprecht dort, welches ihr euch beim Discounter oder Internethändler besorgen sollt. Inhalieren ist bei unseren Kindern höchst beliebt, weil sie dabei entgegen jeder Gewohnheit YouTube-Clips schauen dürfen. Wer nicht gut inhaliert, darf nicht weiterschauen. Daher achten die Kinder selbst darauf, brav in die Maske zu atmen. Und sind immer schwer enttäuscht, wenn es ihnen so gut geht, dass sie nicht mehr inhalieren müssen/dürfen. Dazu gebe ich ihnen regelmäßig Hustensaft aus schwarzem Rettich. Dazu besorgt ihr euch auf dem Markt oder im Laden einen schwarzen Rettich und schneidet unten den Strunk kurz ab. Oben schneidet ihr einen Deckel ab. Dann höhlt ihr das Fruchtfleisch kegelförmig aus, zerkleinert es und vermischt es mit Honig oder Zucker. Den ausgehöhlten Kegel stecht ihr ein- oder zweimal nach unten durch. Dann füllt ihr das Rettich-Zucker-/Rettich-Honig-Gemisch in den Rettich und setzt den Deckel darauf. Stellt den Rettich nun auf ein ausreichend großes Trinkglas. Der Hustensirup sickert nun langsam über mehrere Stunden nach unten durch. Wenn kein Sirup mehr kommt, werft die Füllung weg, höhlt den Rettich noch einmal aus und setzt die Mischung neu an. Bei Bedarf teelöffelweise geben. Aber Vorsicht: Honig ist im ersten Lebensjahr nicht empfohlen!

Effektiv, aber bei meinen Kindern nicht ganz so beliebt ist auch Zwiebelhustensaft. Dazu eine Zwiebel zerkleinern und mit Honig/Zucker mischen, in eine Schale füllen und abdecken. Auch hier bildet sich ein Sirup, den die Kinder löffelweise zu sich nehmen können. Wer lieber etwas kaufen möchte: Gutes habe ich schon über Fenchelhonig gehört; den gibt es in der Apotheke oder in größeren Drogeriemärkten zu kaufen. Des Weiteren hat Weleda ein »Husten-Elixier«, das einige Freundinnen zuhause haben. Wenn nachts gar keine Ruhe einkehrt, könnt ihr euch vom Kinderarzt eventuell einen Hustenstiller verschreiben lassen. Ich gebe dann als Ausnahme auch einen Löffel Honig, um den Reizhusten zu lindern.

Erkältungen: Wenn möglich, geht mit den kranken Kindern viel an die frische Luft und haltet die Luft im Zimmer nachts feucht (Zimmer vorm Insbettbringen stoßlüften). Stellt Dampfbäder neben das Bett, das hat sich bei unseren Kindern sehr bewährt. Kocht dazu in einem Kochtopf etwas Wasser auf und gebt dann entweder Thymian- oder Erkältungstee und Kamillentee dazu. In Beuteln oder lose, vom Discounter oder aus der Apotheke – was gerade da ist oder leicht besorgt werden kann. Dazu eine Prise Salz. Stellt den Topf dann im Kinderzimmer in die Nähe des Bettes. Natürlich so, dass das Kind nicht ans heiße Wasser kommt und sich verbrüht. Alternativ zum Tee könnt ihr auch ein Inhalat nehmen und ins Wasser geben. Manche legen auch eine halbe Zwiebel ins Zimmer. Die macht die Nase ordentlich frei. Allerdings riecht es danach ziemlich streng im Raum und man sollte Kleider, die offen herumliegen, danach erst einmal waschen. Wenn die Kleinen nachts schlecht Luft bekommen, könnt ihr auch Bücher unter die Beine am Kopfende des Bettes stellen, damit der Kopf des Kindes höher liegt bzw. älteren Kindern mehrere Kissen ins Bett legen. Ich gebe abends auch Kochsalztropfen direkt in die Nase und falls gar nichts geht, dann auch abschwellende Nasentropfen, natürlich altersentsprechend und nur über einen kurzen Zeitraum, weil die Nasenschleimhaut sich sonst daran gewöhnt. So ist zumindest die erste Nachthälfte oft erholsamer für beide Seiten und es heißt ja nicht umsonst, dass man sich »gesundschlafen« soll.

Am Anfang war ich noch etwas sauer, dass man vom Kinderarzt so gar keine hilfreichen Medikamente verschrieben bekommt. Ich und sicher auch viele andere Mamas hegen da falsche Erwartungen. Denn gerade bei Erkältungen sind die Standard-Medikamente häufig nur Geldmacherei und die alten Hausmittel von der Oma helfen meistens besser. Das wissen auch die Ärzte und verschreiben daher nichts. Denn die Erkältungen kommen trotzdem den ganzen Winter immer und immer wieder. Daher verzichte ich persönlich gerne auf die Hustensäfte und Mittelchen großer Pharmahersteller. Grundsätzlich sind kleine Kinder oft von Oktober bis März erkältet. Das ist einfach so. Da geht die eine Erkältung fast nahtlos in die nächste über. Seit ich mich damit arrangiert habe, geht's mir besser damit. Die Hausmittel lindern zumindest die schlimmsten Beschwerden und da man immer gut damit beschäftigt ist, Dampfbäder und Hustensaft anzusetzen, bekommt man derartige Zeiten auch schnell rum.

Ohren: Mit Ohrenschmerzen habe ich bisher keine große Erfahrung gesammelt, meine Kinder scheinen da nicht so anfällig zu sein. Nichtsdestotrotz bekomme ich in meinem Umfeld regelmäßig mit, wie Kinder bei den ersten Schmerz-Anzeichen ein Zwiebelsäckchen bekommen. Dazu eine Zwiebel zerkleinern, in ein kleines Säckchen packen und mit Mütze oder Stirnband über den Ohren fixieren. Alternativ geht auch ein Kartoffelsäckchen. Dazu eine gekochte Kartoffel zerdrücken, in ein Säckchen packen und so warm wie möglich auf die Ohren legen. Wird es gar nicht besser, fragt euren Arzt, denn dann sind bestimmt schmerzstillende Medikamente erforderlich.

Bauchschmerzen: Da helfen bei uns meistens eine Wärmflasche oder ein Körnerkissen, Tee und Kuscheln. Wenn die Schmerzen damit nicht weggehen, habe ich noch etwas gegen Blähungen zuhause.

In meiner Medikamentenkiste liegt immer eine frische Einwegspritze bereit, um den Kindern so ihre Medizin zu verabreichen. Ohne Nadel natürlich. Das erleichtert zum einen die Dosierung ungemein, macht weniger Flecken und für die Kinder ist es oft leichter zu schlucken. Weggeschlagen werden kann die Spritze auch nicht so gut wie ein Löffel, wenn es hart auf hart kommt.

Ansonsten versuche ich, mich beim Hamsterkauf der Medikamente zurückzuhalten, da sowieso immer viel verfällt und ich wirklich nur die Sachen daheim haben möchte, die mir wichtig erscheinen.

 Die wichtigsten Gedanken in Kürze

- Fragt beim Kinderarzt nach, welche Medizin er verschreiben darf. So müsst ihr die Medikamente auf Vorrat nicht alle aus eurer eigenen Tasche bezahlen.
- Kinder sind im Winter fast immer krank, solange sie klein sind. Dieses Wissen hilft mir, die dunkle Jahreszeit zu überstehen.
- Ich versuche regelmäßig zu überdenken, welche Medikamente ich zuhause tatsächlich auf Vorrat brauche. Die meisten Sachen werden sonst nur verderben oder verfallen. Das ist schade um beides, das Geld und das verschwendete Medikament.

Was Mamas wissen möchten:
Ein Kinderarzt antwortet

Die letzten Seiten des Buches widme ich Dr. Jörg Nase, der die App »MediKid« ins Leben gerufen hat. Er arbeitet bereits viele Jahre als niedergelassener Kinderarzt in Bergneustadt, NRW, und hat mir genau diejenigen Fragen beantwortet, die ich schon lange einmal bei einem Experten loswerden wollte.

Welche Ratschläge erteilen Sie Eltern in ihrer Praxis am häufigsten?
Wenn ein Kind krank ist, muss erst nachgeschaut werden, was die Ursache ist. Am Telefon ist das in der Regel nicht möglich. Meist sind es banale Infekte, die mit Fieber, Husten und Schnupfen einhergehen. Zum Glück liegen selten schwere Erkrankungen vor. Aber dies ist für Eltern – besonders beim ersten Kind und in den ersten Lebensjahren – nicht leicht abzuschätzen und mit Unsicherheit verbunden. Eltern entwickeln aber rasch ein gutes Gespür dafür, ob ihr Kind kränkelt oder wirklich krank ist.

Fieber und Husten bereiten Eltern am häufigsten Sorgen. Ich rate dazu, nicht vorschnell fiebersenkende Maßnahmen zu ergreifen, weil dadurch einerseits die Schwere der Erkrankung verschleiert und andererseits die körpereigene Abwehr beeinträchtigt werden kann. Denn erhöhte Körpertemperatur vermindert die Vermehrung von Viren und Bakterien, die sich besonders bei normaler Körpertemperatur wohlfühlen. Natürlich muss die Ursache des Fiebers gefunden werden, wenn es länger anhält.

Husten kann viele Ursachen haben. Meist sind es Virusinfekte, die unsere Atemwege reizen und dann zu einer Schleimbildung führen. Diese Schleimbildung ist auch eine unspezifische körpereigene Abwehr und soll das weitere Eindringen von Erregern in den Körper verhindern. Sie ist allerdings auch lästig, weil der Hustenreiz besonders in der Nacht Kind und Eltern stört. Warme Flüssigkeit kann die Atemwege beruhigen. Die Wirkung von Hustensäften wird von Eltern häufig überschätzt. Ob, wann und welcher Hustensaft eingesetzt werden kann, sollten Eltern mit ihrem Arzt absprechen.

Und welchen Erziehungsratschlag geben Sie am häufigsten weiter? Ein großes Problem ist der Medienkonsum der Kinder. Wir können das nicht verhindern, aber Einfluss darauf nehmen. Kleinkinder (1– 3 Jahre) sollten möglichst nicht fernsehen, was häufig allerdings schwierig ist, wenn sie ältere Geschwister haben. Bei Drei- bis Fünfjährigen sollte der TV-Konsum eine halbe Stunde täglich nicht überschreiten. Und es muss nicht immer etwas Neues sein. Kinder lieben auch Wiederholungen und freuen sich, Bekanntes wiederzuentdecken. Wichtig ist natürlich, dass die Eltern wissen, was die Kinder anschauen, und dass die Eltern in der Nähe sind. Was uns Erwachsenen harmlos erscheint, kann bei Kindern große Ängste wecken.

Wie kann ich über den Winter das Immunsystem meiner Kinder stärken? In den ersten Lebensjahren haben die Kinder ständig Infekte, weil sie besonders im Kinderhort oder Kindergarten mit den verschiedensten Erregern Kontakt haben. Das ist gut so und fördert ihr Immunsystem. Durchschnittlich kann man von sechs bis zehn Infekten pro Jahr ausgehen. Wenn ihr Kind gut gedeiht, die Infekte nicht schwer verlaufen und es zwischen den Infekten kurze infektfreie Intervalle hat, spricht dies gegen eine Immunstörung. Medikamente, die die körpereigene Abwehr fördern, empfehle ich nicht, weil ihre Wirkung in der Regel nicht nachgewiesen ist.

Wichtig ist, dass Eltern ihr Kind nicht überbehüten, es gesund und ausgewogen ernähren, ihm einen regelmäßigen Tagesablauf ermöglichen und es in einem gesunden (rauchfreien, nicht zu warmen) Wohnklima aufwachsen lassen. Kinder sollten, wenn möglich, jeden Tag einmal an die frische Luft – auch bei schlechtem Wetter. Mit der entsprechenden Kleidung im »Zwiebelsystem« ist das kein Problem. So hat es durch An- und Ausziehen seiner »Zwiebelschalen« die Möglichkeit, sich der jeweiligen Umgebungstemperatur anzupassen.

Mein Mittlerer ist mit seinen drei Jahren bei der U7a durchgedreht. Wie könnte ich meine Kinder besser auf die U-Untersuchungen vorbereiten? Hier können Bilderbücher helfen oder das Lieblingsstofftier oder die Puppe ist krank und muss von ihm zuhause untersucht werden. Immer wieder in den Alltag eingebunden kann das Kind so lernen, dass es beim Arzt keine Angst haben muss.

Allerdings verstehe ich auch einen Dreijährigen, der einfach nicht will. Wenn ich ihn nicht überzeugen kann und eine diagnostische Maßnahme notwendig ist, dann müssen wir das Kind mithilfe der Eltern manchmal festhalten.

Er hat getreten, geschlagen, geschimpft, geweint. Allein zum Abhören mussten wir ihn zu zweit festhalten. Mir war das sehr unangenehm. Erleben Sie das denn öfter? Oh ja, das erlebe ich häufiger. Kinder können sich in dem Alter noch nicht so gut mit Worten wehren. Daher ist für sie manchmal Treten und Schlagen die einzige Möglichkeit, ihren Standpunkt durchzusetzen oder zu verteidigen. Eltern sind dabei meist sehr gestresst. Häufig beruhigt es sie, wenn ich ihnen sage, dass ihr Kind mit seinem Verhalten kein Einzelfall ist. Ich selbst versuche, spielerisch auf die Kinder einzugehen, mit ihnen zu reden, und erkläre, was ich mache und wozu das gut ist.

Soll ich für die U-Untersuchungen zuhause etwas üben? Üben für eine U-Untersuchung empfehle ich nicht. Wir überprüfen bei den Vorsorgen doch nur, ob das Kind gesund ist und sich in seinem Rahmen gut entwickelt. Es bekommt ja keine Noten von uns. Besteht Förderbedarf, müssen Eltern und Arzt überlegen, welche Schritte einzuleiten sind. Eine Stunde Therapie in der Woche macht kaum Sinn, wenn das Geübte und neu Erlernte nicht durch die Eltern in den Tagesablauf integriert wird. Auch der Grat zwischen Förderung und Überforderung ist manchmal schmal.

Warum sollte man impfen? Impfen ist ein wichtiger Schutz vor Infektionskrankheiten, gegen die es keine Medikamente gibt und die problematisch verlaufen können. Wenn wir geimpft sind, können wir andere mit diesen Erkrankungen nicht anstecken und gefährden. Daher empfehle ich das für Deutschland empfohlene Impfprogramm der Ständigen Impfkommission.

Ist Impfen tatsächlich gefährlich? Nein, die Nebenwirkungsrate ist sehr gering und Eltern werden normalerweise in den Praxen aufgeklärt. Impfstoffe werden sehr genau auf ihre Wirkung und ihre Nebenwirkungen überprüft und dann erst vom Paul-Ehrlich-Institut zugelassen.

Können und sollen wir Eltern Kinder auf den Piks bei den Impfungen irgendwie vorbereiten? Wenn es geht, sollten die Eltern ihr Kind darauf vorbereiten und ihm auch erklären, dass es kurz wehtun kann, aber schnell vorbei ist. Ich selbst habe, wie viele andere Kinderärztinnen und Kinderärzte auch, meine eigenen Ablenkungstricks. Das klappt meist sehr gut.

Was tun Sie gegen die Schmerzen beim Impfen oder haben Sie einen Trick, um die Kinder abzulenken? Bei kleinen Kindern ab etwa vier Monaten oder bei Kindern, die große Angst haben, können die Eltern eine halbe Stunde vorher ein schmerzstillendes Pflaster aufkleben. Das ist aber selten nötig. Säuglinge können während der Impfung nuckeln oder an der Brust trinken.

Sind die Kinder einige Jahre älter, erkläre ich natürlich, was passiert und dass es etwas wehtun wird. Hier ist zusätzlich Ablenkung angesagt, wie »Halt die Hand deiner Mutter ganz fest und dann kneife das linke Auge fest zu und versuch gleichzeitig die Zunge in den rechten Mundwinkel zu schieben. Und jetzt husten«. Damit sind die Kinder ganz schön beschäftigt und die Impfung ist bereits gemacht. Sofort danach überprüfe ich natürlich, ob das mit der Zunge und dem Auge auch wirklich geklappt hat, oder mache es vor. Das lenkt nochmals ab. So hat jeder Arzt bestimmt seine eigenen Tricks.

Was ist der vielleicht größte Erziehungsfehler, der sich einschleichen kann, ohne dass es Eltern bemerken? Dass wir beim Säugling Bedürfnisse wecken, die er ohne uns nicht hätte. So werde ich häufig gefragt: »Mein Kind schläft nur auf dem Arm ein, wie kann ich das ändern?« Hier bieten wir zum Beispiel dem Baby an, auf dem Arm einzuschlafen, es gewöhnt sich daran und wir glauben dann, dass es das braucht. Aber ohne unser Angebot wäre es nie dazu gekommen! Sind die Kinder zwischen zwei und fünf Jahre alt, neigen viele Eltern dazu, sie in zu viele Entscheidungen mit einzubeziehen. Das ist zwar lieb gemeint, überfordert die Kinder aber oft. Als ganz einfaches Beispiel: Frage ich ein Kind:»Was möchtest du essen?«, fällt die Entscheidung schwerer, als wenn ich es frage:»Möchtest du einen Apfel oder eine Banane?« So kann das Kind wählen, fühlt sich aber nicht überfordert.

Was ist wichtiger: Das Kind möglichst früh fördern – durch Musikschule und Sportkurse – oder sich mit Gleichaltrigen zum freien Spiel treffen? Sich mit Gleichaltrigen zum Spielen treffen. Förderung ist gut, aber wenn die Kinder keine Zeit mehr haben, zu spielen, und ihrer Fantasie und Kreativität nicht mehr freien Lauf lassen können, dann nimmt man ihnen viel. Hat ein Kind allerdings ein Hobby wie Musik oder Sport, dann sollte es auch eine Zeit lang bei der Sache bleiben und nicht sofort damit aufhören, wenn es keine Lust mehr dazu hat. Geht es dann gar nicht mehr, war es wahrscheinlich das falsche Hobby. Aber auch bei großen Sportlern oder Musikern gab es sicher Zeiten, in denen sie gerne etwas anderes gemacht hätten, als ständig zu üben.

Verliert man wichtige Zeit in der Frühförderung, wenn man entsprechende Kurse erst besucht, wenn das Kind von sich aus Interesse äußert? Nein. Es muss nicht alles immer sofort geschehen. Ein Kind ändert seine Interessen gerne innerhalb von zwei bis drei Wochen.

Ab wann macht es Sinn, dass Kinder bis zum Ende der Mahlzeit am Tisch sitzen bleiben und gute Manieren an den Tag legen sollen? Frühstück, Mittag- und Abendessen dienen natürlich der Nahrungsaufnahme, sollten aber Zeiten sein, zu denen die Familie zusammenkommt und sich austauscht. Natürlich geht das nicht immer, besonders wenn Eltern berufstätig sind. Je schöner und entspannter die Atmosphäre beim Essen ist desto besser. Aber wenn alles besprochen ist und die Kinder satt sind, dann dürfen sie auch aufstehen, sollten aber nicht nach einer Viertelstunde wieder hungrig vor einem stehen. Naja, und die Tischmanieren? Hier lernen die Kinder von uns Erwachsenen …

Ende gut, alles gut

Mit diesem Interview beende ich nun mein Buch und entlasse euch Mamas wieder in die wahre Welt da draußen. Die mit lautem Kindergeschrei, Geschwisterstreit vom Feinsten und Chaos, so weit das Auge reicht. Aber auch die Welt mit strahlenden Kinderaugen, kleinen klebrigen Händen in unseren großen und großartigen Kinder-Komplimenten wie »dein Bauch ist toll, weil er so weich ist« oder »Papa ist immer stark, du bist es ab und zu aber auch«. Es liegt an uns, ob wir den anstrengenden oder den schönen Dingen die größere Bedeutung beimessen. Und hey, eigentlich ist es doch super mit den Kleinen, oder? Wir können stolz auf uns sein, wie wir das alles wuppen. An jedem einzelnen Tag. Immer wieder aufs Neue. Daher schreibt euch das unbedingt auf und hängt es an eine Stelle, an der ihr es immer wieder lesen könnt:

Du bist toll, vergiss das nicht!

Dank

Ich danke meinem Mann und meinen drei Kindern für ihre Liebe.
Ihr bedeutet mir alles!

Darüber hinaus danke ich allen, die an mich und dieses Buch geglaubt
und mich unterstützt haben.